教育学へのいざない

〔改訂版〕

鈴木和正

東信堂

はしがき

本書は、皆さんを教育学の学びへ「いざなう」入門書として、現在の教育や子どもの問題、教育制度、生徒指導、教育の思想と歴史などを、わかりやすく解説することに努めました。筆者が教育史研究者ということもあり、教育に関する様々な事象を歴史的に概観することに紙幅を割いています。もしかすると、「どうしてわざわざ歴史を学ばなければならないのか」、「そんなことに時間を費やすなら、児童生徒の問題行動への対処療法や学力が手っ取り早く上がる方法を教えてほしい」と思う人もいるかもしれません。確かに、現在の教育業界では、主体的・対話的で深い学び、ＧＩＧＡ《ギガ》スクール構想、ギフテッド教育、ＳＴＥＡＭ《スティーム》教育、プログラミング教育など、枚挙に暇がありません。かつて大学院生時代に、時流に乗った研究テーマを選ぼうと焦っていたところ、「今流行っていて役立つ研究は、すぐに廃れてしまい、役立たなくなる」と指導教員に言われたことが印象に残っています。

最先端の教育論に心を動かされるのは理解できますが、いったん立ち止まって考えてみてほしいと思います。教育の歴史のなかには、時代を超えて変わらない教育的価値が存在します。本書を通して、そうした「不易」な部分をしっかり学習してほしいと願っております。

21世紀を迎えた今日、新型コロナウイルス感染症のパンデミック、ロシアによるウクライナ侵攻によって多くの尊い命が失われました。世界規模の出来事に対して、私たち一人ひとりの力は微力であるかもしれませんが、決して無力なわけではありません。人間が他の動物や人工知能（ＡＩ）と比べて特異な点は、「教育」という営みを通じて次世代への文化伝達を行うところにあります。すなわち、豊かな未来社会を形成するために、教育は欠かせない活動となります。このような教育全般を対象とした学問が「教育学」です。教育学は教職に就く者が学ぶ学問といったイメージがあるかもしれませんが、皆さんが親になれば家庭教育、会社に勤めれば企業内教育といったように、教育に携わる機会が人生には必ず訪れるでしょう。誰でも「教育とは何か」を探究することは大事なことです。

著者

目次／［改訂版］教育学へのいざない

教育学へのいざない

第1章　君たちは大学でどう生きるか

1．最近の大学論を問い直す

(1) 大学を減らすべきなのか

ネット上でよく話題にのぼる一つが、大学に関連したことではなかろうか。「学歴なんて関係ない」、「大学に行く価値がなくなった」などの極論が出回る一方で、大手予備校では国公立と私立を合わせて790校以上ある大学を「偏差値」を用いて序列化することに熱心である。偏差値の高くない大学をいわゆる「Fランク大学」（選抜を果たさずFREEに入学できる状態を指す）、「BF大学」（ボーダーフリーの略）などと呼んで揶揄する向きもある。なお、ボーダーフリー大学は、「受験すれば必ず合格するような大学、すなわち、事実上の全入状態にある大学」のことで、授業中に「私語」や「いねむり」などの逸脱行動が確認されるという（葛城二〇一三：51）。こうした傾向は、入学者数が定員より少なくなる「定員割れ」を起こしている大学に多く見られる。また、ネット掲示板には私立大学の運営に「私学助成金」（税金）が投入されていることから、大学の数を大幅に減らすべき（「Fランク大学を潰せ！」）との乱暴な意見が挙げられている。こうした論調には、限りある税金を教育研究で成果を出せる大学に投資する方が、費用対効果を高めることができるという「選択と集中」の発想があるのだろう。

しかし、「無気力で怠惰な学生は大学に行く必要はない」、「そのような学生に税金を投資するのは無駄だ」という感情論で、大学数を大幅に減らすというのは極めて危険であり、ナンセンスである。こうした議論を行う際には、地方大学がどのような役割を果たし、地域を支える人材育成や地域経済の活性化にいかなる貢献をしてきたのかを考える必要がある。教育行政学が専門の末冨芳は、「地方ではFランクと呼ばれるものでも、通える大学があることが重要なんです。経済状況が逼迫している地方の家庭では、自宅から通学可能な大学がなければ、そもそも大学進学など考えることもできません。たとえFランクでも、その気があれば高度な学習はできる。そこで抜きん出た成績をおさめ、きちんと就職すれば、ひとつのロールモデルにも、地域のための人材を育てる場にもなります」と述べている（末冨二〇一七）。

特に中央と地方の格差について理解しておく必要がある。例えば、東京都は143校の大学が存在するが、佐賀県は国立と私立が1校ずつ存在するのみである。地方の私立大学は、地元の国公立大学に進学できなかった高校生の受け皿としての役割を果たしている。地方大学が潰れると、都心への若者流出がさらに加速することとなり、地方の過疎化に拍車をかけることになるだろう。

（2）何のために大学に行くのか

何のために大学に行くのかを考えてみたい。ネット掲示板に「Fランク大学へ奨学金を借りて行く価値はあると思いますか」という、大学に進学すべきかを悩む相談がしばしば投稿される。「大学に進学すべき派」と「大学は行くだけ無駄派」の不毛（？）な論争を煽るための「釣り」（嘘の情報をエサにして注目を集める）投稿の可能性は否定できないのだが。さて、この質問の真意は、高い学費や4年の歳月（コスト）をかけてまで、「大卒学歴」を得ることに「価値」（この場合は「収益」）があるかを問うているのだろう。

結論からいえば、「Fランク大学」の定義が曖昧で、「奨学金」をいくら借りるのか不透明であるためハッキリとは言えないが、高卒と比較して大卒学歴を得た方が「有利」と言える。大卒のメリットとして、一つ目は、大学で学問に触れ、教職員や友人と人間関係を築いていくなかで、知識や教養、コミュニケーション能力を養う

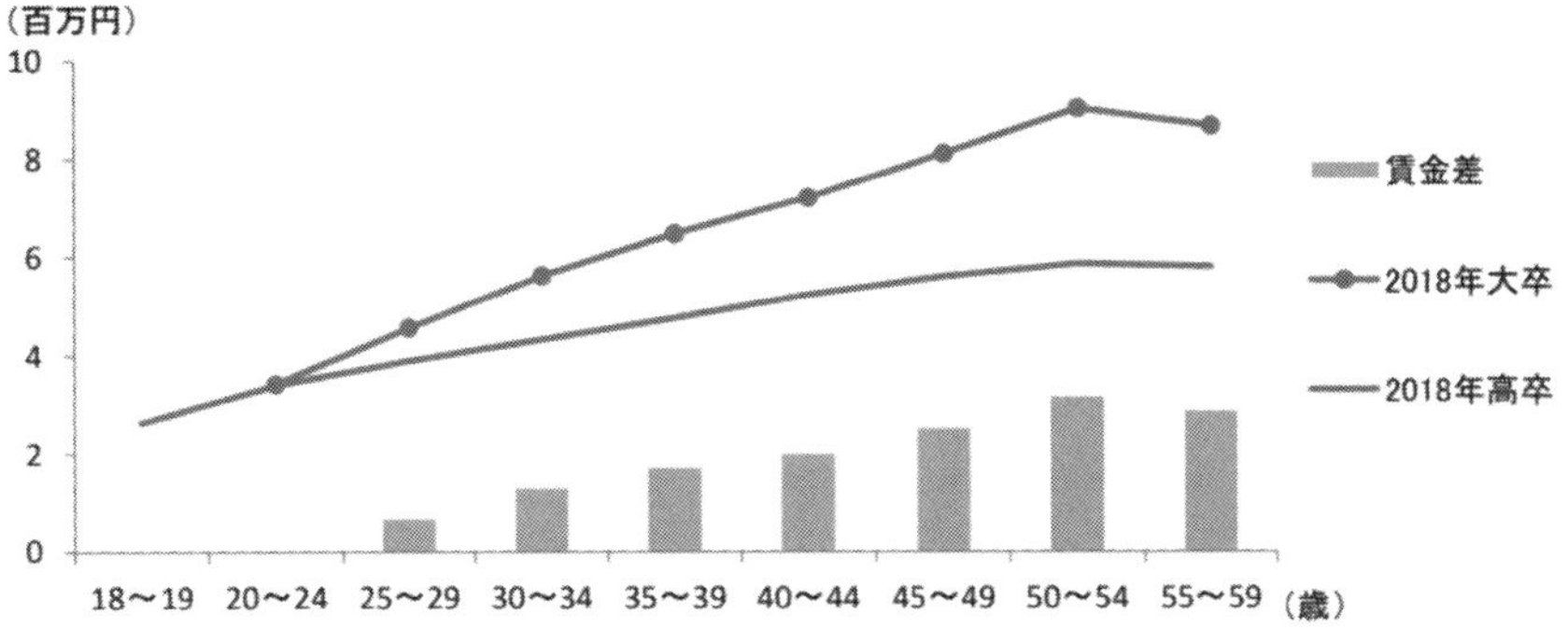

（注）　1. きまって支給する現金給与額と賞与その他特別給与額を年収換算した値を示した。
　　　　2. 20〜24歳の賃金差は僅かにプラスである。
（出所）厚生労働省統計より野村資本市場研究所作成

図1－1　学歴別の年齢階層別賃金（男性）

出典：宮本佐知子「家計から見た教育投資の価値」野村資本市場研究所
『野村サステナビリティクォータリー』第1巻第3号、2020年、87頁より転載した。

ことができる。二つ目は、就職の幅を広げて専門的な職業に就くことができる。仕事のなかには、医師、歯科医師、獣医師、薬剤師、大学教授、臨床心理士、国家公務員総合職（大卒程度試験）、大企業総合職など、大卒資格が必要な職業が存在する。三つ目は、モラトリアム（猶予期間）において、交友関係や人脈を広げるとともに、キャリアパス（目標とする職業に辿り着くまでの道筋）を描くことができる。四つ目は、大卒の方が高卒よりも賃金が高いことである。

　金融エコノミストの宮本佐知子によれば、「大卒者と高卒者の賃金を比べると、大卒者は卒業し就職した後、全期間で高卒者を上回る。（中略）就職直後から59歳までの賃金を合計すると、高卒者は2・0億円、大卒者は2・6億円であり、退職金を加えると両者の差は一層大きくなる。」「大学教育投資の収益率は高水準であるため、家計にとって大学教育投資は、他の投資可能な資産と比べても、魅力的な投資対象である」とされる（宮本二〇二〇：86—89）（**図1－1**）。ただ、この手の話で気をつけなければならないことは、すべての大卒学歴者が収益を享受しているわけではないことである。同じ大学を卒業した場合でも、「大学時代の学習経験に乏しい人や、卒業後に大卒学歴に見合わない仕事についている人は収益率が低いことがいくつかの研究によって示されて」いる（北條二〇一八：29）。すなわち、大学在学中に学業を疎かにし、大卒学歴に見合わない仕事に就いた場合は、賃金が伸び悩むということも当然考えられる。

日本の大学の現状について、「授業に出席しなくても単位が取れる」「勉強しなくても簡単に卒業できる」などの声を耳にしたことがあるかもしれないが、単位を取得して卒業するだけでは大卒の「価値」（収益）は低いだろう。現在、日本に限らず多くの国で「大学の授業料は戦後一貫して上昇を続けて」いる（小林二〇一一：120）。大学４年間にかかる学費の平均費用は、国立大学で約242万5000円、公立大学で約245万5000円、私立大学で約469万円とされている（駿台予備学校二〇二三）。１回の授業料は約2000～3000円とされており、授業をサボると単位を落とすだけではなく、その都度、数千円を損失していることになる。

2．若者はどう語られているか

（1）若者と世代論の系譜

現在、社会においては、「若者たちの声を聞こう」「生きづらさを抱える若者を支援しよう」と、しきりに呼びかけている。ただ、大人のなかには年を重ねるにつれて、今の若者が何を考えているのかわからないと嘆く者も多い。

そうした世代格差は、しばしば、大人と若者の間に大きな溝を生み、相互理解を阻むことになる。若者論を語

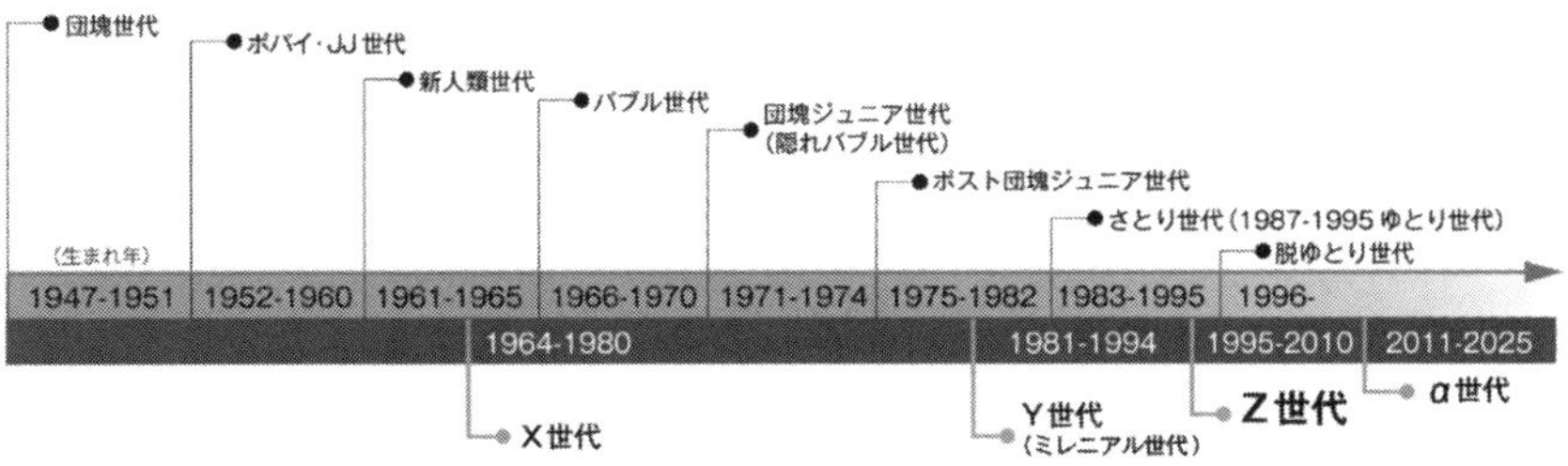

図１－２　日本の世代論とＺ世代

出典：原田曜平「大学は『Z世代』を正しく理解できているか」
リクルート『リクルートカレッジマネジメント』第40巻第3号、2022年、36頁。

る上でよく引き合いに出されるが、古代エジプトの碑文に「近頃の若い者は…」と記されていたという俗説がある（斉藤二〇〇八）。その真偽はともかくとして、いつの時代においても大人は若者に対して安易なレッテル貼りをしてしまいがちである。ここでは、具体的にどのような世代論があるのか概観しておきたい。

主な世代論の区分としては、「団塊世代」、「ポパイ・ＪＪ世代（ポスト団塊世代）」、「新人類世代」、「バブル世代」、「団塊ジュニア世代」、「ポスト団塊ジュニア世代」「さとり世代」、「脱ゆとり世代」が挙げられる（阪本・原田二〇一五）（図１－２）。

①団塊世代

一九四七年から一九四九年の第一次ベビーブーム期に生まれた世代である。現在の年齢は70歳代が該当する。約８００万人程度の出生数があり人口が多い。物資不足の終戦後に出生するが、少年期からは高度経済成長の時代を過ごした。この世代の一部は、60年代から70年代に盛んになる学生運動に参加した者もいる。

②ポパイ・ＪＪ世代（ポスト団塊世代）

一九五二年から一九六〇年頃に生まれた世代を指す。現在の年齢は60歳後半から70歳前半が該当する。名称の「ポパイ」「JJ」は、この世代が若い時代に創刊されたファッション誌名から来ている。学生運動が沈静化したあとの世代であったことから、シラケ世代とも呼ばれる。

③新人類世代

一九六一年から一九六五年頃に生まれた世代を指す。現在の年齢は60歳前半が該当する。この世代はこれまでの上の世代とは異なる価値観を持っていると見なされ、「新人類」と名づけられた。会社に尽くすよりも、自分自身の趣味や時間を大事にするという価値観を持つところに特徴がある。

④バブル世代

一九六六年から一九七〇年頃に生まれ、一九八六年から一九九一年のバブル景気の時代に就職した世代である。現在の年齢は50歳代が該当する。この世代が就職する時期は、好景気によって企業の雇用が拡大し、売り手市場だった。

⑤団塊ジュニア世代

一九七一年から一九七四年に生まれた世代を指す。現在の年齢は40歳から50歳前半が該当する。毎年二〇〇万人以上が生まれ、団塊世代に次いで人口が多い世代である。一九九〇年代初頭のバブル崩壊後は、深刻な不況に見舞われ、企業が採用枠を減らしたため、一九九三年以降の大卒者は就職難に直面している。いわゆる、「就職氷河期世代」とも呼ばれている。

⑥ポスト団塊ジュニア世代

一九七五年から一九八二年に生まれ、団塊ジュニア世代の後に生まれた世代である。現在の年齢は40歳前後が該当する。二〇〇〇年前後のインターネットや携帯電話が普及した時期に社会人、大学時代を過ごしている。団塊ジュニア世代と同じく就職氷河期を経験し、正社員になるのが難しい世代であった。

⑦さとり世代（ゆとり世代）

一九八三年から一九九五年に生まれ、授業時間数の削減などの「ゆとり教育」を受けて育った世代である。現在の年齢は20歳代から30歳代後半が該当する。日本が経済的に停滞した「失われた二〇年」を過ごした世代であり、身の丈に合わない消費行動を行わず、恋愛や結婚に対しても淡泊とされる世代である。

⑧脱ゆとり世代（Z世代）

一九九〇年代後半から二〇〇〇年代までに生まれ、物心ついた時からインターネットやスマートフォンの利用に慣れ親しみ、最もデジタル化を活用している世代である。「デジタルネイティブ世代」とも呼ばれている。

世代論を概観してきたように、今の大人世代もかつてはみな若者だったのである。大人が若者の考えていることはわからないと嘆くのは、いつの時代にも共通して見られたものだったのだろう。若者を批判的に論じる言説には、大人世代の常識が若者に通用しなくなり、その違和感や嫌悪感、恐怖感が背景にあるのだろう（斉藤二〇〇八）。ただ、若者を批判するだけでは何も生み出すことはできない。大人は若者を信じて彼らに将来を託すこと、また、若者の意見や行動を否定することなく受け止め、根気強く支えることが大事である。

（2）学生の「まじめ化」・「生徒化」言説

アメリカの社会学者マーチン・トロウ（Martin Trow, 1926-2007）は、高等教育の成長を「エリート」、「マス」、「ユニバーサル」の三段階に分類している（**表1－1**）。エリート段階は、高等教育への進学率が概ね15％未満、

表1－1　トロウによる高等教育システムの発展段階論

段階（進学率）	エリート段階（～15%）	マス段階（15～50%）	ユニバーサル段階（50%～）
高等教育の機会	少数者の特権	相対的多数者の権利	万人の義務
高等教育の目的	人間形成・社会化	知識・技能の伝達	新しい広い経験の提供
高等教育の主要機能	エリート・支配階級の精神や性格の形成	専門分化したエリート養成＋社会の指導者層の育成	産業社会に適応しうる全国民の育成
教育課程	高度構造化（剛構造的）	構造化＋弾力化（柔構造的）	非構造的（段階的学習方式の崩壊）
学生の進学パターン	中等教育後ストレートに大学進学、中断なく学修して学位取得。中退率低い。	中等教育後のノンストレート進学や一時的修学停止、中退率増加。	入学期の遅れ、成人・勤労学生の進学、社会人経験者の再入学の増加。
高等教育機関の特色	同質性（共通の高い基準を持った大学と専門分化した専門学校）	多様性（多様なレベルの水準を持つ高等教育機関。総合性教育機関の増加）	極度の多様性（共通の一定水準の喪失、スタンダードそのものの考え方が疑問視される）
社会と大学の境界	明確な区分、閉じられた大学	相対的に希薄化、開かれた大学	境界区分の消滅、大学と社会の一体化
意思決定の主体	小規模のエリート集団	エリート集団＋利益集団＋政治集団	一般公衆
学生の選抜原理	中等教育での成績又は試験による選抜（能力主義）	能力主義＋個人の教育機会の均等化原理	万人のための教育保証＋集団としての達成水準の均等化

出典：文部科学省ホームページ「Ⅲ．教育の質の保証と情報公表 関係資料」（https://www.mext.go.jp/component/b_menu/shingi/toushin/__icsFiles/afieldfile/2018/12/17/1411360_10_4_1.pdf）

大学に進学することは「少数者の特権」であり、その役割は国家の発展を目的としたエリート人材の養成にある。マス段階は、15％から50％で進学は「多数者の権利」とされる。この段階の高等教育の役割は、専門分化したエリート養成に加えて、社会の指導者層の育成にあるとされる。ユニバーサル段階では、進学率50％以上で、高等教育に進学することが当たり前（「万人の義務」）と捉えられ、年齢に関わらず、高等教育の機会は誰にも広く提供される。

日本の大学進学率は、戦前期には5％程度、一九六九年に4年制大学への進学率は15％を超え、二〇〇九年は50％を超えている。トロウの類型に従えば、現在の日本ではユニバーサル段階に入り、大学教育の量的拡大が進行し、「大学の大衆化」が進んでいる。大衆化によって大学は、「それまでは大学に進学しなかった層の学生たちを迎えることになった。こうした状況に対して、『学生の多様化』という表現がなされることがあるが、もう少し直截に言うなら、従来のエリート型の大学時代では進学できなかった『学力』水準にある学生が大量に入学」するようになる（野中二〇一四：178）。例えば、一九八〇年から九〇年代のバブル期にかけて、学生が学業に対する興味を失い、アルバイトやサークル、遊びに明け暮れる「大学のレジャーランド化」が問題視された。また、一九九九年に西村和雄が著した『分数ができない大学生』によって「学力低下論争」が巻き起こっている。

大学進学率が50%を超えて、大学に進学することが当たり前という認識が広まると、学生のなかには、高校の延長で大学に入学してくる者も多くなり、大学の「学校化」や大学生の「生徒化」を招くこととなる（伊藤一九九九、濱嶋二〇〇五、武内二〇〇八：8）。本来、大学の役割は自律的な学習者を育成し、主体的な学習を促すことに使命がある。しかし、生徒化された学生は、授業に真面目に出席をするが、受動的な学習態度をとることが多い。また、大学の「学校化」は、文部科学省や大学にも責任の一端がある。一九九〇年代の大学教育改革のなかで、「成績・出席評価の厳格化」（岩田・谷田川二〇一七：66）が求められるようになると、学生を授業に「出席」させることが目的化する危険性をはらんでいる。

3．現在の学生支援制度の仕組み

(1) 学生支援の仕組みを知る

学生が経済的・精神的な問題を抱えた際に、どのような支援が確立されているのかを学んでおきたい。現在、政府や大学は様々な制度を設けて、学生を支援する仕組みを整えている。ただし、支援制度が用意されているにもかかわらず、その情報を知らないままでは、不利益を被ることになりかねない。もしも今、あなたが「学校を辞めるしかない」と真剣に悩んでいるなら、本当にそのような選択肢しか残されていないのか、一度立ち止まって考えてみてほしい。

コロナ感染症の世界的な流行は、各国で多数の死者を出すとともに、社会経済に甚大な影響を与えた。感染拡大による緊急事態宣言に伴い、外出自粛や休業要請が行われた。このような活動自粛のあおりを受けて、家計維持者やアルバイトの収入が減り、苦しい生活を強いられている学生も少なくないだろう。また、多くの大学ではキャンパスへの立ち入りが制限され、対面授業から遠隔授業へ変更を余儀なくされたことで、友人を作る機会が減り、孤独や疎外を感じるとの訴えも見られた。

具体的な中途退学者や休学者の状況を確認しておきたい。文部科学省の調査によると、二〇二二（令和四）年度に全国の国公私立大学、大学院、短大、高等専門学校を中退した学生数は6万3098人であった。その主な理由は「転学など」で17・8％、「学生生活不適応・修学意欲低下」で16・8％、「経済的困窮」で13・1％となっている。また、休学者は6万7864人であった。主な理由としては、「心神耗弱・疾患」で13・1％、「海外留学」で11・9％となっている。学生の心に寄り添い続けた支援が重要であることがわかる。

大学、短期大学及び高等専門学校では、退学や再入学を希望する学生への支援として、相談体制に関するもの、経済的配慮に関するものがある。

相談体制に関するものとしては、「退学や除籍の際には、再入学について事前に伝えている。後に再入学を希望する場合には、再入学後のカリキュラムや単位履修計画、奨学金の相談に応じている」、「学内の様々な部署と連携を行う総合窓口の開設」などがある。

経済的配慮に関するものとしては、「再入学金を減免又は免除」「中途退学せざるを得ない学生に対し、授業料減免」などがある。再入学の審査に係る対応としては、「再入学を希望する場合、筆記試験等は実施せず在学中の成績等による書類審査と面接により選考」を行うなどがある。教学上の対応としては、「退学前に取得していた単位は再入学後も有効」などがある。

近年、ＳＤＧｓ（Sustainable Development Goals）において「誰一人取り残さない」社会の実現が目指されているが、ポストコロナ時代においては、様々な理由から孤立する人たちを生み出さないために、新たな繋がりを生む「居場所」を構築していくことが求められている。ここでの居場所とは、特定の場所だけを意味するのではなく、安心感や所属感などポジティブな感覚を得ることができるとともに、他者との繋がりを感じることができる場のことである（住田・南二〇〇三：i—iii）。学内には学生の精神的なストレス、不安を和らげることができるように、保健管理センター、カウンセリングセンター、学生相談室等を設置して、カウンセラー（公認心理師・臨床心理士）や専門医が心理的な援助・支援を行っている。今後、皆さんは、ポストコロナ時代の社会を安心して生活できる「居場所」を作っていってほしいと願っている。

(2) 奨学金は「ブラック」か

「奨学金」にどのようなイメージを持っているだろうか。現在、学生の2人に1人が独立行政法人「日本学生支援機構」（以下、支援機構）の奨学金を利用しているとされる。昨今の新聞やテレビ等の報道を通じて、「ブラック奨学金」「奨学金地獄」と呼ばれる言葉を一度は聞いたことがあるかもしれない（岩重二〇一七、今野二〇一七）。奨学金を借りていたために、「返済の見通しが立つまで、結婚するのは無理」との切実な悩みも聞かれるようになった（山田二〇一七：41）。卒業後に奨学金の返済が重くのしかかり、晩婚化の原因や自己破産に陥るなど、深刻な社会問題となっている。奨学金の返済に窮する人が増加している背景には、「単に奨学金単独の問題」だけではなく、「学費の高騰、親の所得の減少、そして若年層の雇用の劣化など、日本社会全体の問題が関わって」(大内二〇一七：3)いるとされている。

ここでは、奨学金制度の具体的な仕組みと活用について確認しておきたい。支援機構のホームページによれば、奨学金とは「経済的理由で修学が困難な優れた学生に学資の貸与を行い、また、経済・社会情勢等を踏まえ、学生等が安心して学べるよう、『貸与』または『給付』する制度」と説明されている。

奨学金には、主に「貸与型奨学金」と「給付型奨学金」の2種類がある。前者には、支援機構が実施する「第一種奨学金」(無利子)及び「第二種奨学金」(有利子)がある。これらの貸与型奨学金は、卒業後に必ず返済する義務がある。後者には、二〇二〇年四月から実施された、入学金・授業料の減免と返済を要しない給付型奨学金の支給による支援を目的とした「高等教育の修学支援新制度」(以下、新制度)がある。新制度の支援対象者は、一つ目に「世帯収入や資産の要件を満たしていること」、二つ目に「学ぶ意欲がある学生であること」とされている。

1つ目については、**図1-3**に示したように「住民税非課税世帯及びそれに準ずる世帯」が対象とされており、基準を満たす世帯年収は家族構成によって異なる。そのため、対象者の要件に該当するか調べる際には、支援機構のホームページ内にあるWebサイト「進学資金シミュレーター」を利用すると便利である。

2つ目については、新制度の大きな特徴の一つとしてしばしば言及されているが、成績よりも学生本人の「学ぶ意欲」を重視している点である。高等教育機関への入学1年目は、高等学校在学時の評定平均値や、「学修計画書」(学修の意欲や目的、将来の人生設計等を確認)などを通して、学修意欲があるかどうか判断され、奨学金支援の有無が判断される。入学2年目以降においては、在学中のGPA(成績の平均数値)、単位の取得状況、学修

図1－3　住民税非課税世帯に準ずる世帯の学生

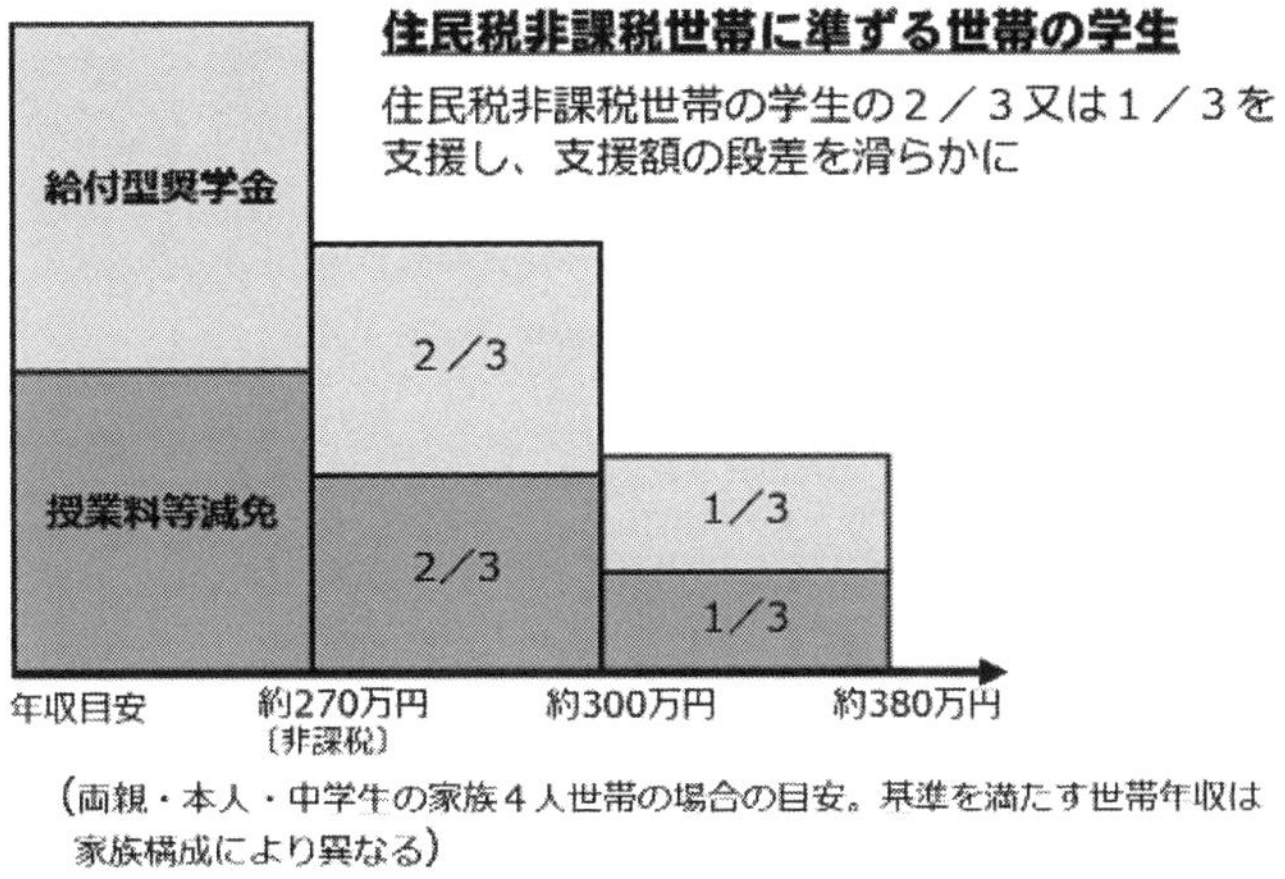

出典：文部科学省「高等教育の修学支援新制度について」(https://www.mext.go.jp/a_menu/koutou/hutankeigen/__icsFiles/afieldfile/2019/11/06/1409378.pdf)

計画書などで、学修意欲があると認められた場合は奨学金支援が行われるが、進学後にしっかりと学業に取り組まなかった場合には支援が打ち切られることとなる。

新制度の他にも、大学や企業、地方自治体、財団などが独自に設けている給付型奨学金があるので、各自で調べてみることが大切である。

奨学金制度は、たびたび、所得や世代間で不公平が存在すると指摘されており、様々な制約や限界を有していることは事実である。しかし、奨学金制度は次世代の教育のためになくてはならない仕組みであり、制度設計を繰り返しながら、学業に意欲的に取り組む者への支援機能の役割を果たすことが求められている。今後とも、「完璧な制度は存在しない」ことを前提として、よりよい制度に改善していけるように働きかけていくことが重要である。

引用参考文献

浅野智彦（二〇一五）『「若者」とは誰か――アイデンティティの30年【増補新版】』河出書房新社。

伊藤茂樹（一九九九）「大学生は『生徒』なのか」『駒沢大学教育学研究論集』第一五号。

岩重佳治（二〇一七）『「奨学金」地獄』小学館。

岩田弘三・谷田川ルミ編著（二〇一七）『子ども・青年の文化と教育』放送大学教育振興会。

大内裕和（二〇一七）『奨学金が日本を滅ぼす』朝日新聞出版。

葛城浩一（二〇一三）「授業中の逸脱行動に対する大学の対応――ボーダーフリー大学に着目して――」香川大学大学教育開発センター『香川大学教育研究』第一〇号。

小林雅之（二〇一二）「家計負担と奨学金・授業料」日本高等教育学会研究紀要編集委員会編『高等教育研究』第一五集。

今野晴貴（二〇一七）『ブラック奨学金』文藝春秋。

斉藤吉広（二〇〇八）「若者のコミュニケーションへの視線」『稚内北星学園大学紀要』第八号。

阪本節郎・原田曜平（二〇一五）『世界初！たった1冊で誰とでもうまく付き合える世代論の教科書――「団塊世代」から「さとり世代」まで一気にわかる』東洋経済新報社。

末冨芳（二〇一七）「億単位の国費がつぎ込まれるFランク大学、その役割と未来は」『週刊新潮』一月二六日号。

住田正樹・南博文（二〇〇三）『子どもたちの「居場所」と対人的世界の現在』九州大学出版会。

駿台予備学校ホームページ（二〇二三）「大学の費用は平均いくらかかる？ 4年間で必要な費用を知る」(https://www2.sundai.ac.jp/column/juken/univ-cost-average/)（二〇二四年一月六日閲覧）。

武内清（二〇〇八）「学生文化の実態と大学教育」日本高等教育学会研究紀要編集委員会編『高等教育研究』第十一集。

日本学生支援機構ホームページ「奨学金制度の種類と概要」(https://www.jasso.go.jp/shogakukin/about/index.html)（二〇二二年八月一九日閲覧）

野中浩一（二〇一四）「ユニバーサル化時代における大学の意義――異質性が高める学生の共生力――」『和光大学現代人間学部紀要』第七号。

濱嶋幸司（二〇〇五）「大学生は『生徒』である。それが、なにか？――1997年・2003年調査データより――」『上智大学社会学論集』第二九号。

原田曜平（二〇一三）『さとり世代――盗んだバイクで走り出さない若者たち』KADOKAWA。

原田曜平（二〇二〇）『Z世代――若者はなぜインスタ・TikTokにハマるのか？』光文社。

広田照幸編著（二〇〇八）『若者文化をどうみるか？――日本社会の具体的変動の中に若者文化を定位する』アドバンテージサーバー。

北條雅一（二〇一八）「学歴収益率についての研究の現状と課題」労働政策研究・研修機構『日本労働研究雑誌』第六〇巻第五号。

マーチン・トロウ著、天野郁夫・喜多村和之訳（一九七九）『高学歴社会の大学――エリートからマスへ』東京大学出版会。

宮本佐知子（二〇二〇）「家計から見た教育投資の価値」野村資本市場研究所『野村サステナビリティクォータリー』第一巻第三号。

山田昌弘（二〇一七）「『子どもにつらい思いをさせたくない』――少子化問題の日本的特徴について」『医療と社会』第27巻第1号。

第2章　教育の機会均等の成り立ち

1．教育の機会均等の理念と歴史的変遷

(1) 前近代の学校と教育

教育の機会均等の理念や制度の歴史的変遷について概観する。古代や中世の学校は、その多くが貴族や武士など一部の支配者層のために存在していたため、一部を除き被支配者層には教育を受ける機会が与えられていなかった。近世になると、各階級に応じた教育機関が設立されている。例えば、支配者層の教育機関としては、幕府の直轄学校であった昌平坂学問所や、藩士を養成する教育機関の藩校などがあり、庶民のための教育機関であった寺子屋では、子どもたちに読み・書き・算盤の初歩が教えられた。「こうした身分社会における教育は、各身分別に応じた独立した教育機関であり、また相互的な結びつきをもたない差別的なものであったため、教育の機会均等といった考え方はまだ生まれてこなかった」（岡田二〇一三：172）。

(2) 学制の制定と国民皆学

一八七二（明治五）年、「学制」の公布によって日本の近代学校制度が始まる。「学事奨励ニ関スル被仰出書《おおせいだされしょ》」（「学制序文」）では、「一般の人民（華士族卒農工商及婦女子）必ず邑《むら》に不学の戸なく家に不学の人なからしめん事を期す」として、学制の理念が示された。これは、身分や性別に捉われることなく、全国民に等しく教育の機会を与えることを目的としている。就学年限は、上等小学と下等小学のそれぞれ4年で計8年間とし、学制は教育行政単位としての学区制を導入した（**図2－1**）。学区制では、全国を8大学区に分け、1大学区を32中学区に、

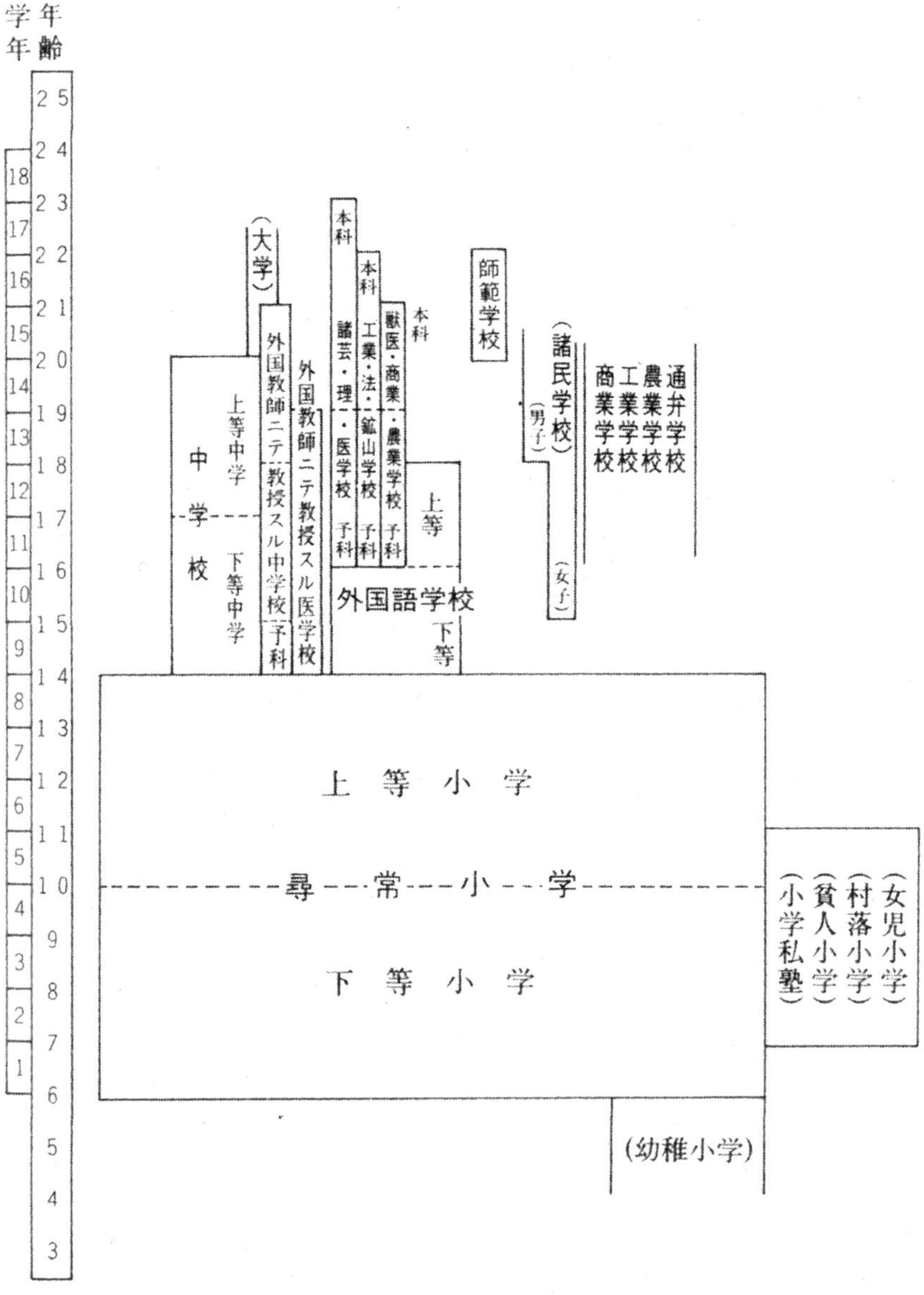

図2－1　学制による制度(明治6年)

出典：文部省『学制百二十年史』ぎょうせい、1992年、762頁。

表2－1　明治初期の学校数・教員数・児童数

年次	学校数	教員数（人）	児童数（人）
明治6	12,558	25,531	1,145,802
7	20,017	36,866	1,714,768
8	24,303	44,664	1,928,152
9	24,947	52,262	2,067,801
10	25,459	59,825	2,162,962
11	26,584	65,612	2,273,224
12	28,025	71,046	2,315,070

表2－2　明治初期の就学率

年次	男（%）	女（%）	平均（%）
明治6	39.9	15.1	28.1
7	46.2	17.2	32.3
8	50.8	18.7	35.4
9	54.2	21.0	38.3
10	56.0	22.5	39.9
11	57.6	23.5	41.3
12	58.2	22.6	41.2

出典：文部科学省ホームページ「小学校の普及と就学状況」（https://www.mext.go.jp/b_menu/hakusho/html/others/detail/1317590.htm）

1中学区を210小学区へと区分して全国に8の大学校、256の中学校、53,760の小学校を創設する計画であった（表2－1）。ところが、当時の政府に全国の学校設立資金を捻出する財政的な余裕はなく、計画は頓挫する。このような財政的理由から、学校経費については受益者負担が原則とされた。

国民皆学を実現しようとした学制は、これまで閉鎖的であった教育の門戸を民衆子弟に開放したが、経済的条件や男女差などの要因に大きく制約されることとなった。学制公布後、すぐに学齢期の子どもたちが等しく学校に通うことができたわけではない。公布から5年後の一八七七（明治一〇）年において、小学校児童の就学率は平均40％以下であり、とりわけ女子の就学率が低かった（表2－2）。背景には、貧困などの理由から子どもを学校に通わすことができない家庭があり、また女子を学校へ通わせる必要はないという伝統的な教育観も影響していた。

（3）教育令の制定と就学率の上昇

文部省は経費負担や就学督促を国民に強制することで、民心の離反を招くことを危惧し、中央集権的な学制の改革に着手する。文部行政の統括者であった田中不二麿《ふじまろ》（一八四五—一九〇九）は、アメリカ人のダビッド・モルレー（一八三〇―一九〇五）を文部省顧問として招き、彼の助言を得ながら学制の改正を行った。一八七九（明治一二）年に制定された「第1次教育令」（自由教育令）では、学制の中央集権的な教育制度を改め、地方に教育行政の権限を委ねることで、地域の実情にあった教育を行おうとした。例えば、就学規定を大幅に緩和して、小学校の就学年限を学齢期の6歳から14歳までの間に16ヵ月就学すればよいとした。ところが、政府の意に反して就学者数を減少させる結果を招いた。

その後、政府は教育政策を方向転換し、一八八〇（明治一三）年に第1次教育令の改正を経て「第2次教育令」（改正教育令）を公布した。第2次教育令では、文部省や地方官の権限を強化して再び中央集権的な性格を強めた。また、就学督促の強化や就学年限の延長などを決定し、就学率は徐々に上昇していくこととなった。

（4）学校令の制定と義務教育

一八八六（明治一九）年、初代文部大臣の森有礼（一八四七―一八八九）は、近代教育制度の基礎となる「学校令」（帝国大学令・師範学校令・中学校令・小学校令）を公布した。小学校令を取り上げると、小学校には尋常科と高等科の2段階を設け、各々の就学年限を4年、このうち尋常小学校4年の卒業までを義務教育とした。さらに同令の第3条においては、「父母後見人等ハ其学齢児童ヲシテ普通教育ヲ得セシムルノ義務アルモノトス」として、父母、後見人には児童を就学させる義務があることを規定している。注目すべきは、この法律上に「義務」という文言が初めて明記されたことである。ところが、この時点では依然として就学率40％台で、教育の機会均等が十分に達成されたわけではなかった。その後、数回の改正を経て、一九〇〇（明治三三）年の第3次小学校令公布の際、「義務教育の無償性」（授業料の無償原則）が法制上に確立し、4年制義務教育制度とされ、ゆえに尋常小学校の就学率は一九〇四（明治三七）年に男女とも90％を超えるようになる。一九〇七（明治四〇）年、さらに就学年限を2年間延長して6年制義務教育制度が実現している。

（5）臨時教育会議の設置

大正期に入ると、教育体制は制度の改正を経ながらも時代状況の急激な変化に対応できず、行き詰まりを見せていた。一九一七（大正六）年、抜本的な改革を目指して、内閣直属の諮問機関として「臨時教育会議」が設置され、廃止されるまでの約2年間に、多様な改革の構想を提示した。例えば、同会議の答申を受けて、高等学校令が改正され、私立高等学校の設立が認められている。また、大学令の公布によって、単科大学や公立・私立大学の設置が認められた。一九二〇（大正一〇）年には東京高等商業学校が昇格して、官立単科大学である東京商科大学（現・一橋大学）となっている。また、これまで専門学校としての位置づけであった慶応義塾、早稲田大学、さらには日本大学、中央大学、同志社大学なども正式な大学として認可された。

（6）戦時体制下の教育と国民学校

一九三七（昭和一二）年の日中戦争を皮切りに、日本は戦時体制に突入していく。同時に、戦争遂行のための教育が確立されていくこととなり、一九四一（昭和一六）年、文部省は「国民学校令」を公布して、明治以来の小学校を「国民学校」と改称した（**図2－2**）。国民学校では、「皇国《こうこく》ノ道ニ則《のっと》リテ初等普通教育ヲ施シ国民ノ基礎的錬成《れんせい》ヲ為ス」（国民学校令第1条）ことが目的とされ、「皇国民」の育成が目指された。就学年限は、義務教育6年から初等科6年と高等科2年の計8年となり、これまでよりも2年間延長された。教科は国民科、理数科、

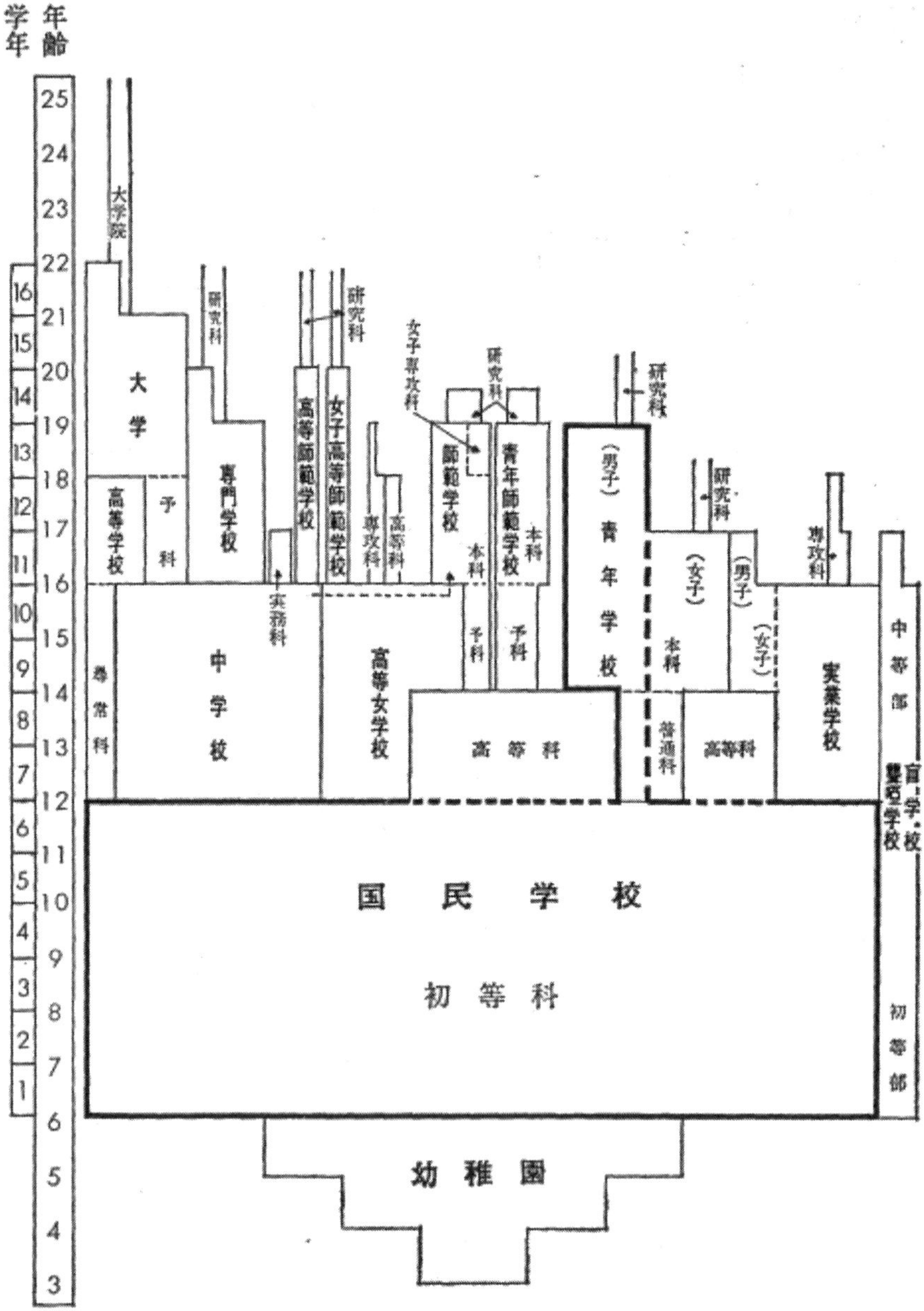

図２－２　戦時体制下の国民学校

出典：文部省『学制百二十年史』ぎょうせい、1992年、768頁。

図2－3　学童疎開（昭和20年）

出典：ジャパンアーカイブズ（https://jaa2100.org/）

体錬科、芸能科、実業科の5教科に統合された。

戦時体制下の教育は、国民の基礎的錬成を図る目的や軍国主義的で戦争に奉仕することを目的としているが、教育制度面からは貧困による就学猶予・免除の廃止、盲聾教育の義務化、障がい児への就学保障など、教育制度の整備が進められた。

この頃、アジア・太平洋戦争の局面はますます悪化し、本土空襲が日常化するようになると、空襲は激化・頻発していく。さらに、一九四三（昭和一八）年から学童疎開が実施され、学校教育はその機能を停止し、終戦を迎えることとなった（**図2－3**）。すべての国民に教育の機会均等が憲法で保障されるようになるのは、戦後に入ってからのことである。

2．教育の機会均等と法規定

(1) 占領下の教育政策

戦後の教育改革のなかで、教育の機会均等が教育制度として実現する過程を概観する。加えて、日本国憲法や教育基本法における教育の機会均等の法規定について確認する。

一九四五（昭和二〇）年八月一五日、日本はポツダム宣言を受諾して連合国軍に無条件降伏した。敗戦後、6年半にわたり連合国軍の占領支配を受け、非軍事化と民主化を柱とした様々な改革が行われた。占領政策はGHQ（連合国軍最高司令官総司令部）が中心となって立案し、アメリカ陸軍のダグラス・マッカーサー（Douglas MacArthur, 1880-1964）（**図2－4**）が最高司令官に就任した。GHQの中枢部局であったCIE（民間情報教育局）が、教育と文化面における民主化政策を担当した。

同年一〇月から一二月にかけて、CIEは日本側からの自発的な教育改革が難しいと判断して、教育分野における非軍事化と民主化の実現を目指すべく、「教育の四大指令」という厳しい禁止措置を取った。そのうち代表的なものが、①「日本教育制度ニ対スル管理政策」、②「教員及教育関係官ノ調査、除外、許可ニ関スル件」、③「国家神道、神社神道ニ対スル政府ノ保護、支援、保全、監督並ニ弘布《ぐぶ》ノ廃止ニ関スル件」、④「修身、日本歴史及ビ地理停止ニ関スル件」という4つの指令である。

さらに、翌一九四六（昭和二一）年に、マッカーサーは戦後教育の建設と樹立の援助を目的とし「第一次米国教育使節団」をアメリカから招いた。ジョージ・ストッダード（George D. Stoddard, 1897-1981）団長の下、この

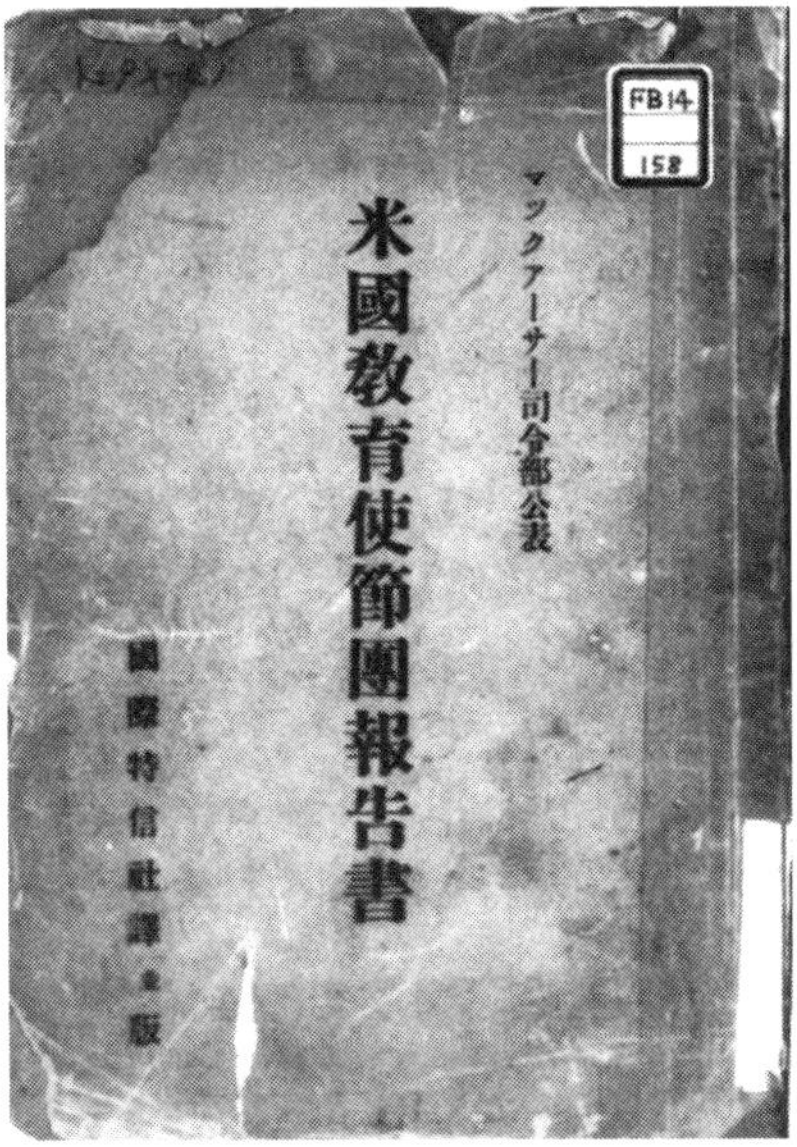

図2－5　第一次米国教育使節団報告書

出典：『米国教育使節団報告書 マックアーサー司令部公表』国際特信社、1946年。

図2－4　マッカーサー元帥と昭和天皇

出典：ジャパンアーカイブズ（https://jaa2100.org/）

使節団はアメリカの教育関係者27名で構成され、「日本側教育家委員会」と連携しながら日本各地の視察を重ね、視察後には、『第一次米国教育使節団報告書』をまとめた（図2－5）。報告書では、6・3・3制の単線型学校体系や9年の無償義務教育、教育委員会制度の導入、男女共学の実施などが改革として挙げられており、戦後教育改革の原型となった。具体的には、一九四七（昭和二二）年に制定された学校教育法において、小学校6年、中学校3年、高等学校3年という6・3・3制が導入された。義務教育については、小学校から中学校までの9年間と定められた（図2－6）。

　戦後の学校制度改革は、「単線型の学校制度を確立し、性別、社会的階層、地域を問わず教育を受ける機会を保障する制度を導入した」（木村 二〇一五：61）という点に特徴が見られる。

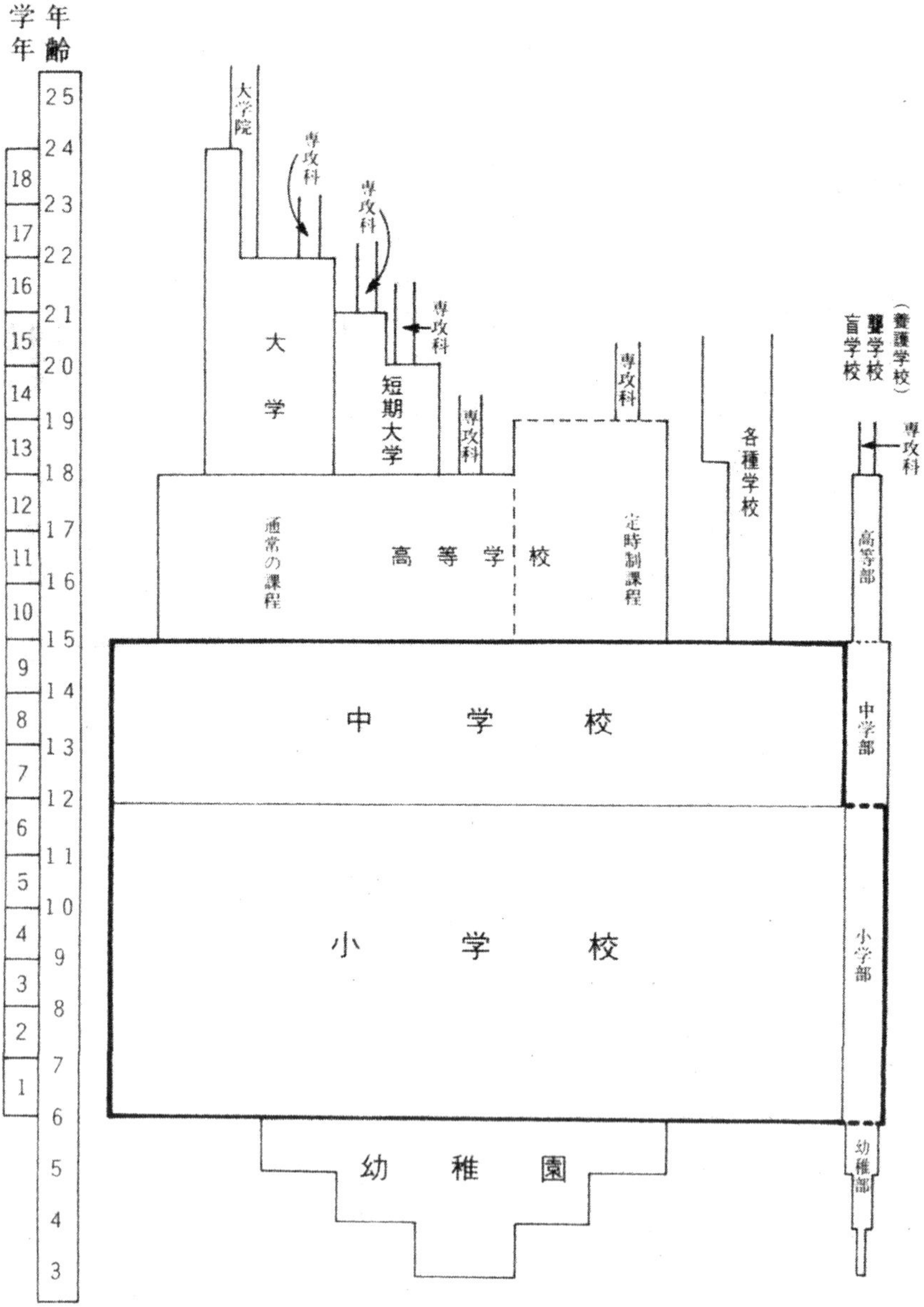

図2－6　戦後の6・3・3制

出典：文部省『学制百二十年史』ぎょうせい、1992年、769頁。

(2) 日本国憲法と教育基本法

教育の機会均等の根拠となる日本国憲法と教育基本法を確認しておきたい。一九四六(昭和二一)年一一月三日、平和主義、国民主権、基本的人権の尊重を基本原則とした「日本国憲法」が公布された。第14条は「すべて国民は、法の下に平等であって、人種、信条、性別、社会的身分又は門地により、政治的、経済的又は社会的関係において、差別されない」との規定があり、法の下の平等が定められている。第26条第1項においては、「教育を受ける権利」が保障されている。「すべて国民は、法律の定めるところにより、その能力に応じて、ひとしく教育を受ける権利を有する。」とされ、「その能力に応じて」という文言は、多様な子どもの個性や能力に応じた教育を行うということ、「ひとしく」とは、すべての国民が平等に教育を受ける権利を有していることを意味している。すなわち、第26条第1項では、子どもの個性や能力に応じた教育が、誰に対しても平等に保障されなくてはならないということが謳われている。また第2項では、「すべて国民は、法律の定めるところにより、その保護する子女に普通教育を受けさせる義務を負ふ。義務教育は、これを無償とする」と定められている。子どもに教育を受けさせる保護者の義務が示されているが、保護者に義務を負わせるだけでは、各家庭の経済的状況などの理由から、教育を受ける権利が十分に保障されるとは限らない。そこで、第2項後段では教育を受ける権利を保障するために、「義務教育は、これを無償とする」と規定されている。

一九四七(昭和二二)年に施行された「教育基本法」は、日本国憲法の理念と目的を実現する上で教育の役割を示している。教育基本法は、前文および全11条から構成されており、法律前文に新しい憲法の理念の実現は教育の力にまつべきことを宣言している。約60年を経て二〇〇六(平成一八)年一二月、旧教育基本法に初めての改訂が行われた。新教育基本法では、「ひとしく、その能力に応じた教育を受ける権利」を有するだけでなく、

「人種、信条、性別、社会的身分、経済的地位又は門地によって、教育上差別されない」とされている。これはすべての国民が人種や信条、性別、社会経済的地位や出身などによって差別されることなく、等しく教育を受ける機会を保障されていることを示している。

3．義務教育の無償性

(1) 無償性とその範囲

公費をもって教育にかかる費用を負担するという「無償性」の原則について学んでいく。日本国憲法26条第2項は、「義務教育は、これを無償とする」として、「義務教育の無償性」を定めている。また、教育基本法第5条第4項では、「国又は地方公共団体の設置する学校における義務教育については、授業料を徴収しない」と規定され、教育の機会均等の実現を保障する措置がとられている。さらに、授業料が無償であっても経済的に困難を抱える者には、「就学困難な児童及び生徒に係る就学奨励についての国の援助に関する法律」により、国が地方公共団体に対して必要な援助を与えることとされている。このことは学校教育法第19条においても、「経済的理由によって、就学困難と認められる学齢児童又は学齢生徒の保護者に対しては、市町村は、必要な援助を与えなければならない」と定められている。国および地方公共団体は、就学が経済的な理由によって妨げられないように、奨学金や就学援助などの措置を講じることが求められている。

ただし、義務教育の「無償」の範囲については、「授業料不徴収」を意味するものなのか、就学に必要なすべての費用を含むものなのか見解が分かれている。現在、義務教育の「無償」の範囲は、国公立義務教育諸学校の授業料に限定されている。教科書については、一九六三（昭和三八）年に定められた「義務教育諸学校の教科用図書の無償措置に関する法律」によって無償給与されているが、教科書以外の副教材費、給食費、修学旅行費などの費用については保護者の負担とされている。

（2）高等学校の授業料無償化

公立高等学校では「高等学校等就学支援金の支給に関する法律」（二〇一〇年の旧名称は「公立高等学校に係る授業料の不徴収及び高等学校等就学支援金の支給に関する法律」）が制定され、公立高校の授業料が不徴収とされた。これは、教育の機会均等を実現させるため、授業料に充てる支援金を国が都道府県を通じて学校に直接支給することで、国公私立問わず、高等学校等の教育費の負担の軽減を図るねらいがある。国公立の高等学校については、年収910万円未満世帯に対して、授業料相当額の就学支援金が支給される。これは国から都道府県を通じ所属する学校に直接支払われるため、授業料以外の用途に使用することはできない。

私立高校においても公立高校の授業料とほぼ同額が就学支援金として支給されるようになった。二〇一四（平成二六）年に「高等学校等就学支援金制度」が設けられ、二〇二〇（令和二）年四月からは、その制度に改正が加えられた。私立高校等に通う生徒の就学支援金は、年収約590万円未満世帯を対象として、支給上限額が全国の私立高校の平均授業料を勘案した水準（全日制の私立高校の場合、39万6，000円）まで引き上げられた。

（3）幼児教育・高等教育の無償化

急速な少子化の進行や子どもを取り巻く環境を踏まえ、政府は子どもの成長を社会全体で支援するために、子育てにかかる経済的負担の軽減や安心して子育てができる環境を整備するための施策を推し進めている。二〇一九（令和元）年一〇月の消費税率の引き上げに合わせて、「子ども・子育て支援法改正案」では、3歳から5歳の子どもを対象に認可保育所や幼稚園、認定こども園の利用料が無償化された。0歳から2歳児は住民税非課税世帯が対象となる。

幼児教育の無償化とともに議論されてきたのが「高等教育の無償化」である（**表2－3**）。二〇二〇年四月から、政府は住民税非課税世帯とそれに準ずる世帯を対象として高等教育の無償化を決定した。高等教育の無償化は、大学・短期大学・高等専門学校・専門学校などの高等教育について、住民税非課税世帯とそれに準ずる世帯の子弟の授業料や学生生活費を政府が支援する制度である。制度を運用する財源としては、二〇一九（令和元）年一〇月に引き上げられた消費税による増収分が充てられ、授業料減免の費用は大学に直接支払われることになった。

政府の「こども未来戦略会議」は二〇二五年度から子どもを3人以上扶養している世帯において、大学の授業料などを所得制限なしに無償化する方針を固めている。今後の動向を注視していく必要がある。

表2－3　高等教育の無償化の趣旨

低所得者世帯の者であっても、社会で自立し、活躍することができる人材を育成する大学等に修学することができるよう、その経済的負担を軽減することにより、我が国における急速な少子化の進展への対処に寄与するため、真に支援が必要な低所得者世帯の者に対して、①授業料及び入学金の減免と②給付型奨学金の支給を合わせて措置する。

出典：文部科学省ホームページ「高等教育無償化の制度の具体化に向けた方針の概要」

近年、長期間にわたる日本経済の低迷により、家計への負担が増大している。さらに、若者の経済格差や子どもの貧困へと社会問題の範囲は拡大しつつあり、今後の日本を支える人材に対する育成と支援が急務となっている。家計における教育費への負担が増しているなか、家庭の経済的事情により高等学校や大学への就学や進学が困難となる、あるいは中途退学を余儀なくさせられる場合も増えてきている。経済状況によって、就学や進学の機会が左右されることがないように、教育機会の保障がなされなければならない。

引用参考文献

青山和弘（二〇二三）「近代日本の教育の変遷（1868―1945）～教育制度と学校教育を中心に～」『北海道科学大学研究紀要』第五一号。

井深雄二編著（二〇一五）『テキスト教育と教育行政』勁草書房。

岡田昭人（二〇一三）『教育の機会均等』学文社。

勝野正章・庄井良信（二〇一五）『問いからはじめる教育学』有斐閣。

川口洋誉・中山弘之編著（二〇一四）『未来を創る教育制度論――未来の教師のファースト・ステップ〔改訂版〕』北樹出版。

木村元（二〇一五）『学校の戦後史』岩波書店。

小針誠（二〇〇七）『教育と子どもの社会史』梓出版社。

佐藤環監修・田中卓也編著（二〇一九）『日本の教育史を学ぶ』東信堂。

高見茂・田中耕治・矢野智司・稲垣恭子監修（二〇一八）『教職教養講座　第13巻　教育制度』協同出版。

田中智志・橋本美保（二〇一三）『教育の理念・歴史』一藝社。

浜田博文（二〇一四）『新・教職課程シリーズ　教育の経営・制度』一藝社。

本図愛実・末冨芳編著（二〇一七）『教育の制度と経営〔新訂版〕』学事出版。

森川輝紀・小玉重夫編著（二〇一二）『教育史入門』放送大学教育振興会。

文部省（一九九二）『学制百二十年史』文部省。

山本正身（二〇一四）『日本教育史――教育の「今」を歴史から考える』慶應義塾大学出版会。

第3章　教職の専門性と現代的な課題

1．教職に求められる専門性

（1）教職の専門性とは

「専門職」（profession）の語源は、「『神の意志』を人々に公言（伝達）する（profess）特別な存在」にあるとされている（森川二〇一五：11）。すなわち、一般の人々では「見えない見えにくい世界を読み解く処に専門性の根拠」が求められたのである（同前：11）。現在、医師や法律家、大学教授（professor）などの専門職は、公共に資する高度な知識や技能を有し、その専門的な知識・技能が長期かつ高い水準の養成システムで保障され、自律的な職業倫理を持っていることが条件とされている。専門職とされる職業は、一般的に次のような要件を充たしているところに特徴があるとされる。

表3−1　専門職の要件

① 個人的な利益ではなく大衆の福祉に貢献する公共性と社会的責任で特徴づけられる職業であること。
② 大衆の保有していない高度の専門的な知識や技術によって遂行される職業であること。
③ その高度の専門的な知識や技術の教育を大学院段階の養成システムで保障していること。
④ 採用や罷免や職務の遂行に関わる専門家としての自律性（professional autonomy）を制度的に保障していること。
⑤ 専門家としての自律性を行政権力から擁護し、自ら専門家としての知見や見識や倫理を高め合う専門家協会（professional association）を組織していること。
⑥ 専門家としての社会的責任を自己管理する倫理綱領を持っていること。

出典：佐藤学『教育方法学』岩波書店、一九九六年、136頁。

医師や法律家、大学教授などが、現在広く専門職と認知されていることに比較して、教職は「準専門職」(semi- profession) と位置づけられる場合が多い。これは、教職が一般的に専門性と自律性が不十分であり、社会的評価や経済的待遇は必ずしも高くないとされているためである。ところが、近年教職という職業は、古典的な専門職像にはそもそも馴染まないとする考え方もある。その一つは、教職の持つ独自の専門性に注目した「反省的実践家」という専門職像である。

(2)「反省的実践家」という専門職像

マサチューセッツ工科大学の哲学者であるドナルド・ショーン (Donald Alan Schön, 1930-1997) は、専門職と呼ばれる人々の仕事の遂行について詳細に観察し、分析を行っている。複雑化し高度化した現代社会において、専門職は、理論を実践に適用しながら職務を遂行しているのではなく、その時々の状況と対話しながら専門性を発揮していることを明らかにしている。そこで、知識や技術をいつ・どのように活用するのかを実践中に考えることができる思考様式を「省察」(reflection) と呼び、新たな専門職像として「反省的実践家」(reflective practitioner) を提唱した。

教師の省察には「行為の中の省察」と「行為についての省察」があるという。まず「行為の中の省察」とは、自分の指導が対面する子どもにどのように受け止められたのか、子どもの反応を見ながら、次の指導・活動を展開していくこととしている。次に「行為についての省察」とは、より広い視点から見たときに、こうしたやり取りの総体そのものがどのような意味を持つのかを検討することであるとされている (油布二〇一三：87)。すなわち、「反省的実践家」として教師を捉えると、理論を教育実践に適用することを前提とするのではなく、実践のなかで自らの行為を「省察」しながら問題に立ち向かう実践的な思考力に専門性の基礎を置いている。これまで準専門職としてみなされてきた教職にとって「反省的実践家」という専門職像は、教職の専門性の構築に新しい道筋を提供したと言えよう。

2. 日本の教師文化

(1)「同僚性」を基盤とする文化

教師文化（教員文化）とは、「教職の諸特性に対処しつつ、学校制度の維持・推進者としての社会的役割期待に応えるために教師自らが生みだし、継承してきた思考や行動の特性」（曽余田・岡東二〇〇六：122）と定義されている。

教師文化の特徴の1つである「同僚性」(collegiality）は、3つの機能があるとされている（紅林二〇〇九：200）。第1は「教育活動の効果的な遂行を支える機能」である。教師同士が授業を見合い、知識や経験を獲得することで、互いに授業力を高め合っていく協働的な関係のことを表している。また、教師たちは複雑化した教育課題に直面することが多く、同僚と相談をし、アドバイスや協力を得ながら課題に取り組む必要があり、同僚性はそうした取り組みを支えるものとして期待されている。第2は「力量形成の機能」であり、教師の同僚性を力量形成の場とする「授業のカンファレンス」などの試みが行われている。教職においては、教員研修を通じて、実践力の向上が重要な課題として位置づけられているが、教師は多忙がゆえに、実践力を向上させるための特別な学習の機会を持つことが困難となっている。このような状況下であれ、教師が日常的に力量資質を向上させていくことへの期待はますます高まっている。第3は「癒しの機能」である。同僚性は多忙な業務へのストレス、バーンアウトなどの負担軽減に寄与すると考えられている。

(2) 教師文化の類型

教師の同僚性研究の第一人者であるアンディ・ハーグリーブス（Andy Hargreaves）は、教師文化の類型を①個人主義型、②諸グループ独立分割型、③協働的文化型、④設計された同僚性型、⑤自在に動くモザイク型の5つに分類している（図3-1）。①は教師個々人が孤立しており、教師自身の発達の契機も少ない。②は下位集団の一員としての教師のアイデンティティを形成するが、集団全体としては一貫性がなく、各々のグループは閉鎖的な状態である。③は互いに信頼しあい、何事も一緒に仕事をし、家族的で打ち解けあった構造であるが、仕事のパターン化やマンネリ化、親分肌的なリーダーシップを内包する可能性を持っている。④は組織の要求によって、官僚制的なリーダーシップ、職権によって階層的な同僚性が意図的に作り出された状況である。⑤はプロジェクトのような形で、その時々の目的や必要に応じて、力動的に集団のあり方が変化し、時に集団同士が重なりあい、様々な形で教師同士が互いにつながりあうというあり方である（秋田一九九八：237―240）。

同僚性は肯定的側面ばかりではない。日本の教師文化の特徴としては、「足並みをそろえること、事を荒立てない形での同調・同質性が求められやすい」ことが指摘されている（同前：237）。職場集団における同僚性文化は、「わが国の現状では、プラス・マイナスの両面を携えて存在しているというのが実態」である（油布二〇〇七：186）。

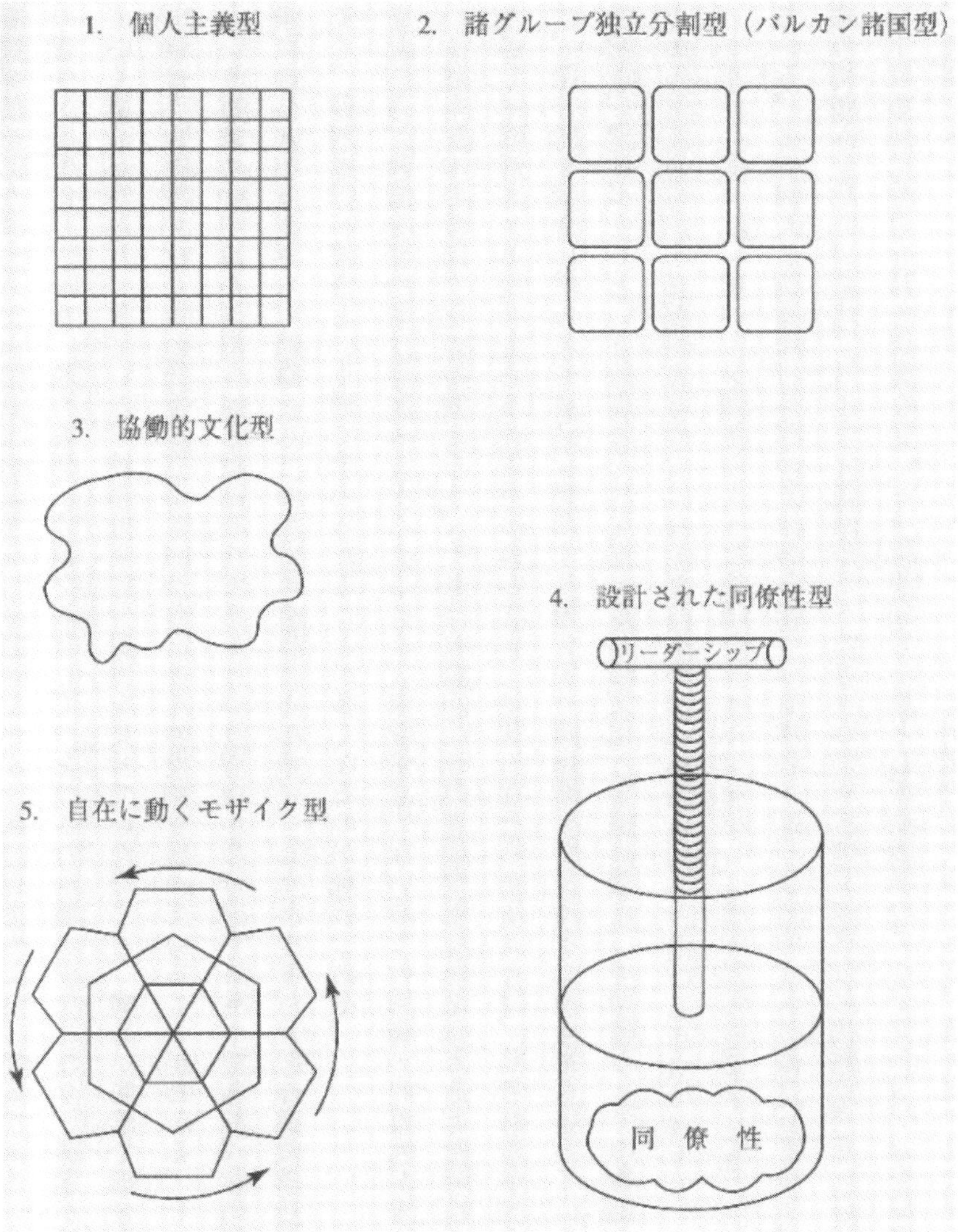

図3－1　教師文化の類型

出典：秋田喜代美「実践の創造と同僚関係」
佐伯胖・黒崎勲・佐藤学・田中孝彦・浜田寿美男・藤田英典
『教師像の再構築』岩波書店、1998年、238頁。

（3）多忙を生み出す指導文化

日本の教師文化には、「指導」という括りであらゆる子どもへの働きかけを教師の行うべき職務だと考える「指導の文化」が存在しており、日常的に「〇〇指導」という言葉が多く用いられている（酒井二〇一四：155）。1日の教師の中心的職務には「教科指導」に加え、「生徒指導」、放課後の「部活動指導」、「登校指導」、「清掃指導」、「給食指導」、「下校指導」などがある。さらに、二〇〇〇年代前後には「指導の範囲が大きく拡大」して、①安全に関する指導と保健指導、②食に関する指導の充実（食育）、③進路指導の充実（キャリア教育）、④特に配慮を必要とする子どもの指導なども、教師が担うべきものとして期待されている。

教科指導外の活動にも教育的な意義を見出す傾向にあるため、職務と責任の範囲は拡大の一途をたどり、長時間勤務や自宅に仕事を持ち帰るなどの誘因となる。アメリカの場合、教師は教科指導（授業）を行うことが主な役割であり、授業を終えると、そのまま帰宅することが多いとされている。また、授業の以外では、登下校の世話はバスの運転手、学校保守はガードマン、ランチタイムは昼食担当者、進路指導はキャリア・カウンセラー、心の相談はサイコロジストと、仕事の役割がそれぞれ分業されている（佐久間二〇〇七：37）。

現在、日本においても「教師役割をより限定化し、責任範囲をより明確化していこうという方向に向かっている」（油布一九九九：156）とされている。今後の学校現場においては、スクールカウンセラー、スクールソーシャルワーカー、部活動指導員、ICT支援員などが求められているが、多岐に渡る専門的な人材や地域人材の確保など、実際の運用に至るまでの課題も多い。

3．現代における教職の特質と課題

(1) 給特法と変形労働時間制

二〇一六年度に文部科学省が公立の小中学校教員を対象に実施した「教員勤務実態調査」では、小学校で3割、中学校で6割が「過労死ライン」（月80時間以上の時間外労働）を超えて長時間労働を行っていたことが明らかになっている。現在の学校現場は、業務の多忙化、指導範囲の拡大、長時間勤務等の問題が深刻化しており、教師の働き方改革の実現が急務である。今日の教職の特質を考える際には、教員の給与や働き方を規定している法律について触れておきたい。

一九七一（昭和四六）年に制定された「公立の義務教育諸学校等の教育職員の給与等に関する特別措置法」（以下、給特法と省略）は、公立学校の教育職員を対象としている。教員の働き方を規定している給特法では、次のように示されている。

表3-2　給特法の条文

第3条第1項　教育職員（校長、副校長及び教頭を除く。以下この条において同じ。）には、その者の給料月額の百分の四に相当する額を基準として、条例で定めるところにより、教職調整額を支給しなければならない。

第3条第2項　教育職員については、時間外勤務手当及び休日勤務手当は、支給しない。

出典：法令リード

第3条第1項によって、教員には給料月額の４％の「教職調整額」が支払われることが定められている。また、第3条第2項では、時間外勤務手当および休日勤務手当を支給しないことが定められている。すなわち、給特法は「４％の教職調整額を支給する代わりに、残業代は支払わないという形式」（内田・斉藤二〇一八：48）を取っており、教師の長時間労働につながっている。

今後、政府は教員の働き方改革の一環として、労働時間を年単位で管理する「変形労働時間制」の導入を検討している。同制度は繁忙期に勤務時間を数時間延ばし、授業のない夏休みなど閑散期に長期休暇を取れるようにして、年間の労働時間を調整するというものである。しかし、変形労働時間制の導入だけでは教員の長時間労働を是正することはできないとの声もあり、労働環境の抜本的な改革が急がれている。

（2）感情労働としての教師

教師は日常的に「明るく笑顔で元気に振舞う」、「怒りを抑制しながら子どもを叱る」など、自身の本来の感情をコントロールしながら子どもと接することが多々ある。このような感情のコントロールは、「日常的な教育行為を成立させるために教師自らが行うという戦略的な側面をもつ」（伊佐二〇〇九：１４０）とされている。アメリカの社会学者であるアーリー・ホックシールド（Hochschild, A.R.）は、人と接する職業において、肉体だけではなく自らの「感情」までもが労働の一部とみなされ、職務として「感情の管理」を要請されることを「感情労働」（emotional labor）と名づけた。

教師の仕事を感情労働として捉えた場合、教師は「長時間にわたって、自分の『感情』と教師としての『労働』を切り離し、『本来の自己』と『教師を演じる自己』を使い分けなければならない状況」（小西二〇一五：6）

となり、業務中に厳しい心理状況にさらされることとなる。

新自由主義による市場化の浸透は、一般的な生活における効率化や競争の原理をもたらした。教育現場も例外でなく、「お客様」化した子どもや、理不尽な要望、職務の範囲外となるような要望を向ける保護者らに対応する際、教師は自らの感情と職務の間に適切な距離を探りながらも、教育活動と「教職のサービス化」の両立を余儀なくされている。教職のサービス化が進行すると、教師の仕事をより多忙にするだけではなく、「親や子どもの肥大化する欲望に対して、いかに自分の意見を殺し、心を管理し、演技して対処していくか」を求められるようになる（加野二〇一〇：14）。教師の多忙化やストレス、バーンアウトの一因には、教職の「無境界性」と「感情労働」が結びつき、疎外感や疲弊感を増幅させていることが影響しているとされている。

（3）進む教職離れと教員不足

近年、教師の多忙化や長時間労働の実態がメディアで頻繁に取り上げられ、教職を志望する学生の減少に拍車をかけている。教職志望者の減少は、教員採用試験の倍率低下を招くだけではなく、最低限度の教員数の確保さえ困難な状況としている。二〇二二（令和四）年一月、文部科学省が初めて全国で行った「教師不足に関する実態調査」では、全国の公立学校（公立小学校、中学校、高等学校、特別支援学校）1897校で2558人の教員不足があったと報告されている（**表3−3**）。教師不足の発生要因としては、産休・育休取得者数の増加、

表3−3　教師不足の状況について

	学校数（校）	教師数（人）
小学校	937	1,218
中学校	649	868
高等学校	169	217
特別支援学校	142	255
合計	**1,897**	**2,558**

出典：文部科学省「『教師不足』に関する実態調査」を参考に著者作成。

特別支援学級数の増加、病休者数の増加などが挙げられる（文部科学省二〇二二：10）。教員不足となった学校では、学級担任が足りず、校長や教頭といった管理職が代わりに担任を兼務している場合があり、深刻な問題であるといえる。

現在、各地の教育委員会においては、教員不足に対応するための取り組みが続けられている。例えば、静岡県教育委員会では、学校現場の人手不足を補うために、二〇二一年度から「教職員人材バンク」を開設している。これは、採用試験で不合格だった講師登録者や教員免許保有者、退職者などの情報を登録し、人材を探している教育委員会や学校に情報を提供できるシステムである。また、神戸市教育委員会では、教員免許を取得しているものの教職経験の無い「ペーパーティーチャー」や、教職経験はあるが何らかの理由で教職を離れている者を教員として養成する「ＫＯＢＥ教員スタートプログラム」を創設している。

このような各自治体での取り組みは評価されるべきではあるが、未来を担う子どもたちに大きな負担やしわ寄せが及ぶことのないように、正規教員の採用数増加や臨時講師の確保は最優先事項である。また、正規教員の採用を抑制して、非正規教員へ依存する都合のよいシステムに陥ることは避けるべきである。国は地方自治体が長期的に正規教員を増やしていく計画を立て、財政的な支援をしていくことが重要である。さらに、給特法の改正も必要であろう。教職離れした人々を呼び戻すには、教員としての使命感や誇りを持って、安心して働ける職場環境を提供するよりほかはないのである。

引用参考文献

秋田喜代美（一九九八）「実践の創造と同僚関係」佐伯胖・黒崎勲・佐藤学・田中孝彦・浜田寿美男・藤田英典『教師像の

再構築』岩波書店。

伊佐夏実（二〇〇九）「教師ストラテジーとしての感情労働」日本教育社会学会『教育社会学研究』第84集。

内田良・斉藤ひでみ（二〇一八）『教師のブラック残業――「定額働かせ放題」を強いる給特法とは?!』学陽書房。

加野芳正（二〇一〇）「新自由主義＝市場化の進行と教職の変容」日本教育社会学会『教育社会学研究』第86集。

紅林伸幸（二〇〇九）「協働の同僚性としての《チーム》――学校臨床社会学から――」『教師という仕事』日本図書センター。

小西尚之（二〇一五）「官僚制組織における教師――感情労働とサバイバル・ストラテジーを参考に――」『北陸大学紀要』第39号。

酒井朗（二〇一四）『教育臨床社会学の可能性』勁草書房。

佐久間亜紀（二〇〇七）「日本における教師の特徴」『転換期の教師』放送大学教育振興会。

佐藤学（一九九七）『教師というアポリア：反省的実践へ』世織書房。

曽余田浩史・岡東壽隆（二〇〇六）『新・ティーチングプロフェッション：教師を目指す人へのエール基礎・基本』明治図書出版。

ドナルド・ショーン著、佐藤学・秋田喜代美訳（二〇〇一）『専門家の知恵――反省的実践家は行為しながら考える――』ゆみる出版。

ドナルド・ショーン著、柳沢昌一・三輪建二訳（二〇〇七）『省察的実践とは何か　プロフェッショナルの行為と思考』鳳書房。

森川輝紀（二〇一五）『教養の教育学』三元社。

文部科学省（二〇二二）「『教師不足』に関する実態調査」文部科学省。

油布佐和子（一九九九）『教師の現在・教職の未来：あすの教師像を模索する』教育出版。

油布佐和子（二〇〇七）『転換期の教師』放送大学教育振興会。

油布佐和子（二〇一三）「教師教育改革の課題――『実践的指導力』養成の予想される帰結と大学の役割」日本教育学会『教育学研究』第80巻4号。

第4章　戦後教育改革と教育課程の変遷

1．占領と教育改革

(1) 占領改革の実施

一九四五（昭和二〇）年八月一五日、日本政府はポツダム宣言を受諾して連合国軍に無条件降伏し、以後日本は6年半におよぶ連合国軍の占領支配を受ける。GHQ（連合国軍最高司令官総司令部）が中心となって日本の政治、経済、教育に抜本的な改革を行っている。GHQの最高司令官にはアメリカ陸軍のダグラス・マッカーサーが就任した。マッカーサーは、憲法改正に始まり、婦人解放、労働改革、教育改革、財閥解体、農地改革など、「五大改革指令」を実施し「非軍事化」と「民主化」を柱とした様々な改革を主導した。教育と文化面における民主化政策については、GHQの中枢部局であったCIE（民間情報教育局）が担当した。

日本側はGHQから降りてくる指令を受け入れるだけではなく、迅速な動きを見せている。一九四五年九月一五日、文部省は最初の教育方針として「新日本建設ノ教育方針」を提出する。この方針では「平和国家ノ建設」を進めるという文言がみられるものの、一方で「国体ノ護持《ごじ》ニ努ムル」ともあり、あくまで「国体護持」（天皇制国家体制の維持）を貫きながら戦後教育改革を進めようとする日本側の意図が読み取れるものであった。同年九月二〇日に出された「終戦ニ伴フ教科用図書取扱方ニ関スル件」は、軍国主義的教材の削除・省略すべき規準を決定している。これを受けて、各学校では児童生徒に軍国主義や戦意を鼓舞する恐れのある教科書の記述に墨を塗らせるという処置を行った（図4－1）。

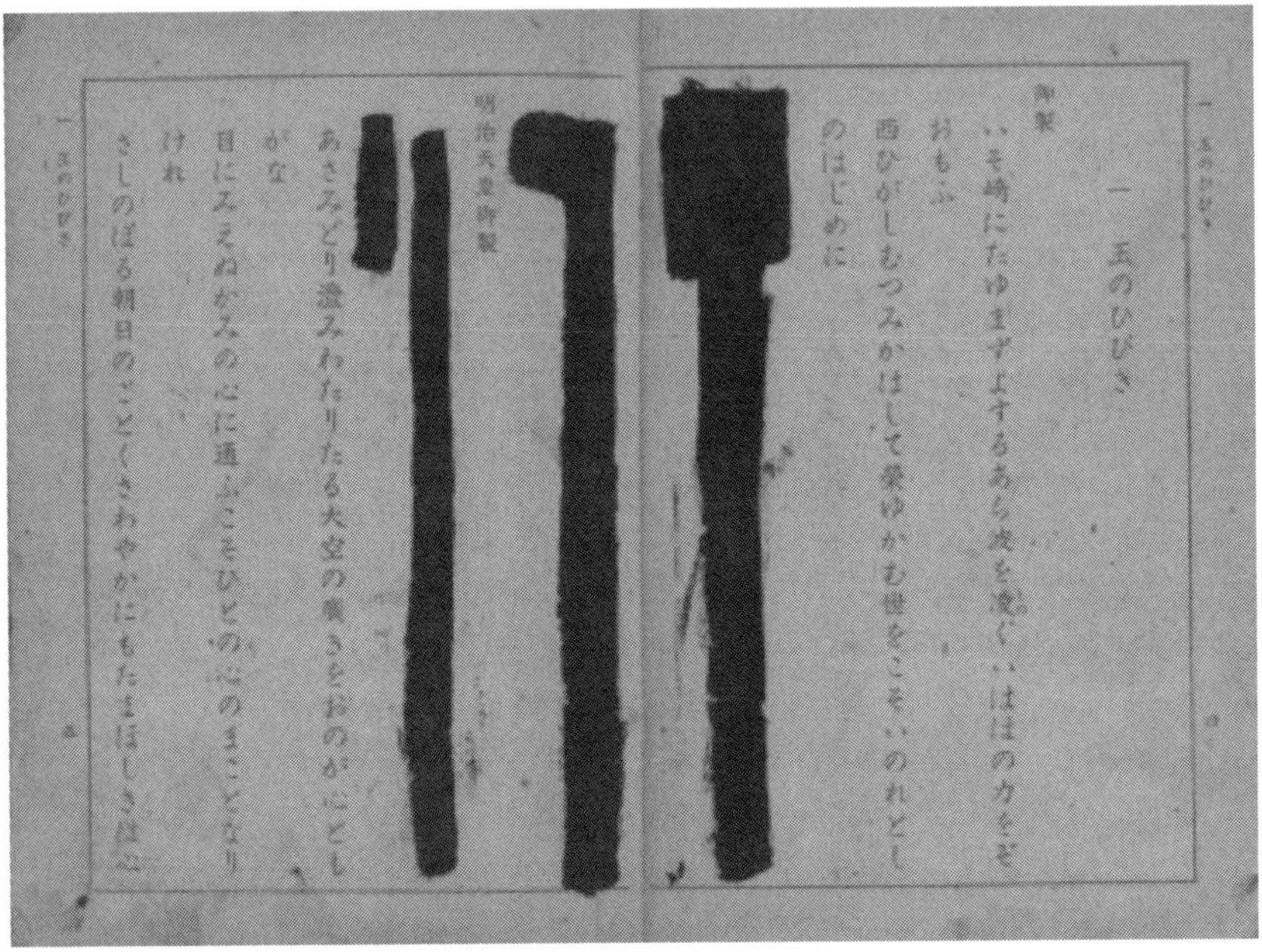

図4－1　墨塗り教科書

出典：国立教育政策研究所教育図書館近代教科書デジタルアーカイブ

(2) 教育の四大指令

日本側は国体護持にこだわり、抜本的な教育改革に踏み切れないでいた。ＣＩＥは日本側からの自発的な教育改革が難しいと判断して、「教育の四大指令」という厳しい禁止措置を取った。この指令は教育における非軍事化と民主化の実現を目的として、一九四五年一〇月から一二月にかけて矢継ぎ早に出されている。

第1の指令である「日本教育制度ニ対スル管理政策」は、軍国主義および極端な国家主義的な思想の普及を禁止して、戦中にこのような思想を積極的に推進した者の罷免と、自由主義ないし反軍国主義的な言動で追放されていた者の復職を促すものであった。第2の指令である「教員及教育関係官ノ調査、除外、許可ニ関スル件」（教職追放令）は、第1の指令を具体化するとともに軍国主義活動をした教員および教育関係者を調査し、その結果によって追放等の処置を行った。第3の指令である「国家神道、神社神道ニ対スル政府ノ保護、支援、保全、監督並ニ弘布《ぐぶ》ノ廃止ニ関スル件」（神道指令）は、神道が国家権力と結びつき日本国民を戦争に誘導するために利用されたとの見地から、政府がこれを保護、支援することを禁止して、神道による教育を学校から排除することを指令した。第4の指令である「修身、日本歴史及ビ地理停止ニ関スル件」（「三教科停止指令」）は、修身、日本歴史、地理の3教科の授業を停止した厳しい措置であった。

2．戦後教育改革と教育の民主化

(1) 第一次米国教育使節団

ＧＨＱは軍国主義の排除を行い民主主義への施策を指令してきたが、教育の各領域に関する具体的な施策を確定するまでには至らなかった。一九四六（昭和二一）年、マッカーサーは日本の戦後教育の建設と樹立の援助を目的とする「第一次米国教育使節団」をアメリカ本国から招いた。使節団は、ジョージ・ストッダードを団長とするアメリカの教育関係者27名から構成されている。同使節団は「日本側教育家委員会」と連携し、日本各地の視察を重ねた後に、『第一次米国教育使節団報告書』を作成して、ＧＨＱに提出している。なお、日本側教育家委員会は、東京帝国大学総長の南原繁（一八八九―一九七四）（図4-2）を委員長として、委員には学校長、学長、教授、文部省関係者など29名が加わり構成された。メンバーのほとんどが一九四六年八月に設置された内閣直属の機関である「教育刷新委員会」に引き継がれた。同委員会は「教育基本法」や「学校教育法」などの法案作成を通して、戦後教育改革をリードしていくことになる。

図4－2　南原繁

出典：国立国会図書館「近代日本人の肖像」
（https://www.ndl.go.jp/portrait/）

報告書では、戦前日本の教育制度が中央集権的な教育行政であったこと、教育内容も画一的な詰め込み主義教育であったことを批判し、改革されなければならないと指摘している。報告書の内容は、戦後教育改革の具体的なモデルとなり、6・3・3制、9年の無償義務教育、教育委員会制度、男女共学など、その後の教育改革の中で実現された。

（2）教育勅語の扱いを巡る問題

一八九〇（明治二三）年に発布された教育勅語（「教育ニ関スル勅語」）は、明治天皇（一八五二―一九一二）の署名と押印がなされた全文三一五文字から成る文書である（**図4－3**）。戦前においては「国民道徳および国民教育の基本とされ、国家の精神的支柱として重大な役割」を果たした（文部省一九七二：277）。教育勅語では、「臣民《しんみん》」（天皇の臣下）の守るべき徳目が列挙され、その教育を通じて「皇運《こううん》を扶翼《ふよく》」（皇室の発展のために役立つように）することが務めであると説かれた。教育勅語に記された徳目は修身科（戦前の道徳教育）の内容を強く規定した。また、全国の学校に「勅語謄本《とうほん》」（写し）が配布されて、祝祭日の儀式や学校行事の折にその「奉読《ほうどく》」が行われ、「忠君愛国」が学校教育の基本であることが強調されている（**図4－4**）。すなわち、『忠』『孝』を中心とする徳目を国民に身体化させるための装置として最大限に活用」されていた（本田二〇一八：60）。

朕《チン》惟《オモ》フニ我《ワ》カ皇祖《クワウソ》皇宗《クワウソウ》國《クニ》ヲ肇《ハジ》ムルコト宏遠《クワウエン》ニ徳《トク》ヲ樹《タ》ツルコト深厚《シンコウ》ナリ我《ワ》カ臣民《シンミン》克《ヨ》ク忠《チユウ》ニ克《ヨ》ク孝《カウ》ニ億兆《オクテウ》心《ココロ》ヲ一《イツ》ニシテ世々《ヨヨ》厥《ソ》ノ美《ビ》ヲ濟《ナ》セルハ此《コ》レ我《ワ》カ國體《コクタイ》ノ精華《セイクワ》ニシテ教育《ケウイク》ノ淵源《エンゲン》亦《マタ》實《ジツ》ニ此《ココ》ニ存《ソン》ス爾《ナンヂ》臣民《シンミン》父《フ》母《ボ》ニ孝《カウ》ニ兄弟《ケイテイ》ニ友《イウ》ニ夫婦《フウフ》相和《アヒワ》シ朋友《ホウイウ》相信《アヒシン》シ恭儉《キヨウケン》己《オノ》レヲ持《ヂ》シ博愛《ハクアイ》衆《シユウ》ニ及《オヨ》ホシ學《ガク》ヲ修《ヲサ》メ業《ゲフ》ヲ習《ナラ》ヒ以《モツ》テ智能《チノウ》ヲ啓發《ケイハツ》シ徳器《トクキ》ヲ成就《ジヤウジユ》シ進《スス》ンテ公益《コウエキ》ヲ廣《ヒロ》メ世務《セイム》ヲ開《ヒラ》キ常《ツネ》ニ國憲《コクケン》ヲ重《オモン》シ國法《コクハフ》ニ遵《シタガ》ヒ一旦《イツタン》緩急《クワンキフ》アレハ義勇《ギユウ》公《コウ》ニ奉《ホウ》シ以《モツ》テ天壤無窮《テンジヤウムキユウ》ノ皇運《クワウウン》ヲ扶翼《フヨク》スヘシ是《カク》ノ如《ゴト》キハ獨《ヒト》リ朕《チン》カ忠良《チユウリヤウ》ノ臣民《シンミン》タルノミナラス又《マタ》以《モツ》テ爾《ナンヂ》祖先《ソセン》ノ遺風《ヰフウ》ヲ顯彰《ケンシヤウ》スルニ足《タ》ラン

斯《コ》ノ道《ミチ》ハ實《ジツ》ニ我《ワ》カ皇祖《クワウソ》皇宗《クワウソウ》ノ遺訓《ヰクン》ニシテ子孫《シソン》臣民《シンミン》ノ倶《トモ》ニ遵守《ジユンシユ》スヘキ所《トコロ》之《コレ》ヲ古今《ココン》ニ通《ツウ》シテ謬《アヤマ》ラス之《コレ》ヲ中外《チユウグワイ》ニ施《ホドコ》シテ悖《モト》ラス朕爾臣民《チンナンヂシンミン》ト倶《トモ》ニ拳々《ケンケン》服膺《フクヨウ》シテ咸《ミナ》其《ソノ》徳《トク》ヲ一《イツ》ニセンコトヲ庶幾《コヒネガ》フ

明治《メイヂ》二十三年十月三十日《ニジフサンネンジフグワツサンジフニチ》

御名《ギヨメイ》　御璽《ギヨジ》

天皇(明治天皇)ご自身がお考えになるに、天照大神《あまてらすおおみかみ》以来の天皇の御先祖たちが我が日本を建国するにさいし、その規模は広大で、いつまでもその基礎が揺《ゆる》ぐことのないようにされ、さらに、御先祖たちは身をつつしみ、国民をたいせつにして、後の徳政のお手本を示された。天皇の臣民である日本国民は、いつの時代も忠孝をつくし、国民が心を一つにしてその美徳を発揮してきたこと、これこそ我が国体(天皇制社会)のもっともすぐれた点であり、教育の大もともここに根ざしていなければならない。

お前たち臣民(児童・生徒)は、父母に孝行し、兄弟は仲良く、夫婦も仲睦《むつま》じく、友人とは信頼しあい、礼儀を守り、みずからは身をつつしみ、人びとには博愛の心で親切にし、学業に励《はげ》み、仕事を身につけ、さらに知識をひろめ才能をみがき、人格を高め、すすんで公共の利益の増進を図り、社会のためになる仕事をし、いつも憲法を大事にし、法律を守り、ひとたび国家の一大事(戦争)になれば、勇気をふるいたて身も心もお国(天皇陛下)のために捧げることで、天にも地にも尽きるはずのない天皇陛下の御運勢が栄えるようにお助けしなければならない。こうすることは、単に天皇の忠良な臣民として行動するというだけのものではなく、同時に、お前たちの祖先が残したすぐれた点を継承し、それをほめたたえることにもなるのだから。

このような教えに従うことは、まさしく我が天皇の祖先たちが残されたおさとしで、皇室の子孫も臣民もともに守るべきものであり、之《これ》を過去現在のどの時代に当てはめても間違っていないし、国の内外、世界中に当てはめても誤りではない。自分(天皇)は、お前たち臣民たちとともに、このことを自分自身によくいい聞かせ、その教えを守り、君臣一体となってその徳をより高めたいと思う。

明治二十三年十月三十日

御名(明治天皇、睦仁《むつひと》)　御璽(天皇の印)

図4－3 教育勅語

出典：高嶋伸欣『教育勅語と学校教育』岩波書店、1990年。

図４－４　元旦の小学校で教育勅語を奉読

出典：ジャパンアーカイブズ（https://jaa2100.org/）

日本とＧＨＱの双方にとって、このような教育勅語の取り扱いは重要な問題であった。文部省は、国体護持と民主主義とは決して矛盾するものではないとし、教育勅語に対する評価はむしろ肯定的であった。当時の文部大臣であった前田多門（一八八四―一九六二）は、教育勅語には「天地の公道が示されており、国民としてだけではなく人間としてふむべき道が示されて」いると述べている。文部省では、戦後の教育においても教育勅語は基準として有効であり、その精神と趣旨を徹底させることが重要であると考えていた。その後、天皇制の問題と密接に関連した教育勅語を巡っては、日本とＧＨＱの間で多様な議論と駆け引きが展開された。

日本は教育勅語という形式により戦後教育の根本方針を定めることが難しくなり、時代に見合った教育関係法令のあり方を教育刷新委員会において審議検討することにした。同委員会の議論を経て、一九四六年九月二五日の第２回総会においては、①教育勅語に類する新勅語の奏請はこれを行わないこと、②新憲法発布の際に賜るべき勅語の中に、今後の教育の根本方針は新憲法の精神に則るべきことを確認した。これに基づいて、同年一〇月八日の文部次官通牒「勅語及詔書等の取扱について」では、①教育勅語をもってわが国唯一の淵源となる従来の考え方を排除すること、②式日等の奉読を禁止すること、③教育勅語を神格化する取扱いを止めること、の3点が示され教育勅語問題は一応の決着を見た。

最終的に教育勅語は、一九四八（昭和二三）年六月、衆議院の「教育勅語等排除に関する決議」、参議院の「教育勅語等の失効確認に関する決議」がなされたことによって、その権威と効力を失った。

(3) 勅令から法令へ

一九四六年一一月三日、平和主義、国民主権、基本的人権の尊重を基本原則とした「日本国憲法」が公布され、第26条に「教育を受ける権利」と義務教育に関する規定が盛り込まれた。日本国憲法の理念と目的を実現する上で教育の役割を示したのが、一九四七（昭和二二）年に施行された「教育基本法」であった。教育基本法は、前文および全11条から構成された。法律に前文がつくことは異例であるが、そこでは、新しい憲法の理念の実現は教育の力にまつべきことを宣言している。第1条では教育が「人格の完成」を目指し、「平和的な国家及び社会の形成者」として、「真理と正義を愛し、個人の価値をたっとび、勤労と責任を重んじ、自主的精神に充ちた心身ともに健康な国民」を育成することを目的として掲げた。

（４）『学習指導要領一般編（試案）』

一九四七年三月に文部省より刊行された『学習指導要領 一般編（試案）』は、最初の学習指導要領である。その序文には、「教科課程をどんなふうにして生かして行くかを教師自身が自分で研究して行く手びきとして書かれたものである」と記されており、学校や教師に対してカリキュラムの自主編成を期待して示された「手びき」という位置づけであった。すなわち、当時の学習指導要領は「試案」であって、現在の学習指導要領のように「法的拘束力」を持つものではなかった。他にも、戦前の修身、日本歴史、地理の３教科を廃止して新たに「社会科」が設けられたことや、「自由研究」という教科が設定されたことなどが特徴として挙げられる。小学校の教科では、国語、社会、算数、理科、音楽、図画工作、家庭、体育および自由研究と定められた。

『学習指導要領 一般編（試案）』は、子どもの経験を中心に置く経験主義に根ざしており、「地域社会での子どもたちの経験を学校で再構成し深めることで、子どもを地域社会の問題解決にあたることができる市民」（木村二〇一五：78）へと養成することが目指された。その中核を担うことになった社会科は、地理・歴史などの学問領域別ではなく、民主主義を教えるという新しい目的に対応した総合的な内容構成を持っていた。その学習方法には、児童生徒の生活を中心に設定された「単元」に基づき学習を行う「生活単元学習」や、児童生徒の問題解決能力を育成する「問題解決学習」などが導入され、全国の小・中学校で普及した。

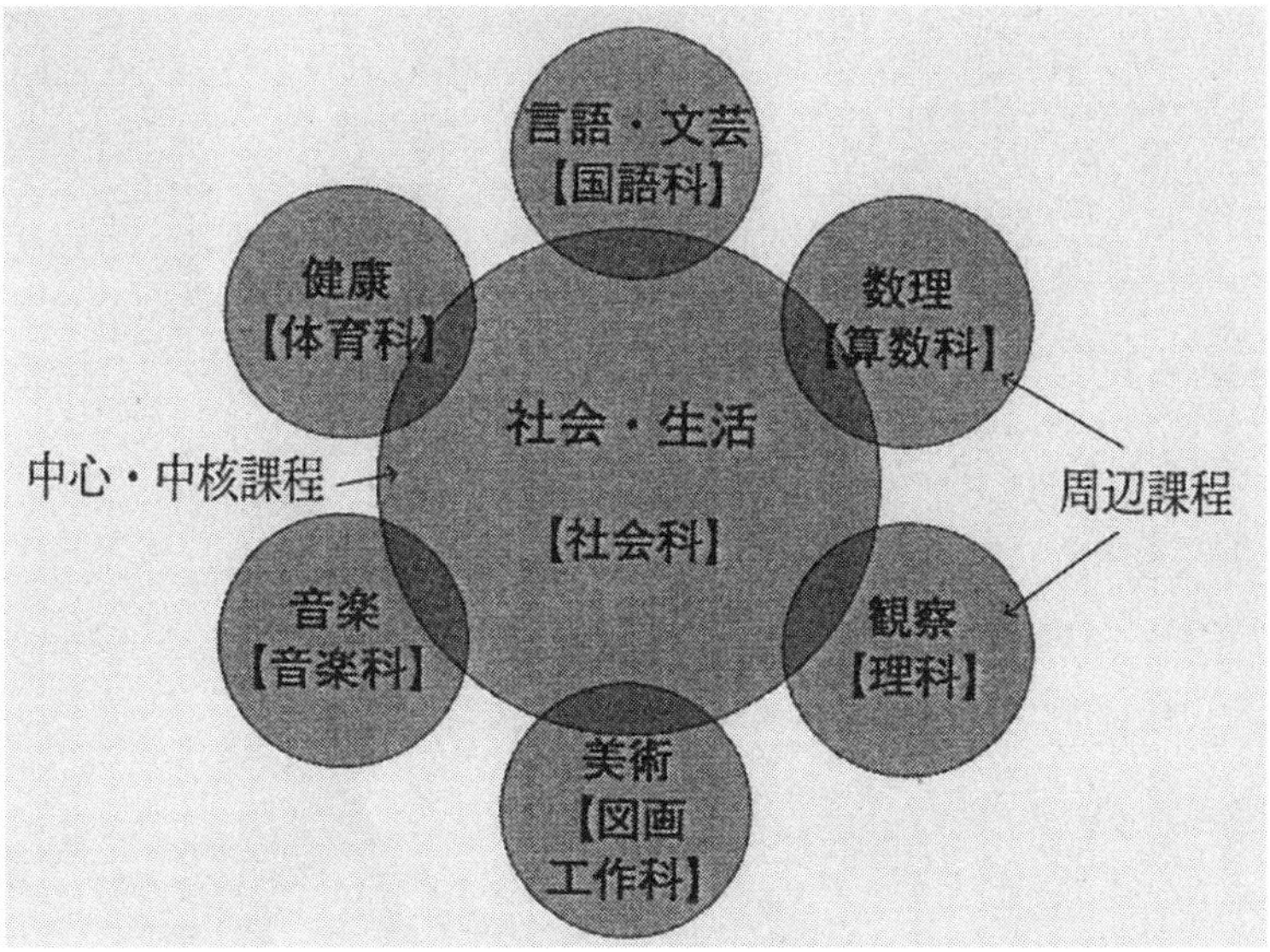

図4－5　コア・カリキュラム

出典：小針誠『アクティブラーニング』講談社現代新書、2018年、128頁。

3．戦後のカリキュラム改革運動

(1) コア・カリキュラム

特に『学習指導要領 一般編（試案）』ではカリキュラムを研究することが奨励されていたため、現場の教師を中心に独自のカリキュラムが作成された。このような教育課程の自主編成の試みは、全国の学校や地域、民間教育研究団体などで取り組まれ、その改革の実数は500校を超えたとされる。

コア・カリキュラムは、民主主義を導く新しい教育のあり方として、多くの教員および教育学者によって実践研究された。コア・カリキュラムでは、社会の問題や生活上の課題を「中心（中核）課程」というコアにして、その中心課程を探究するための知識や教科を「周辺課程」として配置している（図4－5）。

この時期は、多くの学校でコア・カリキュラムの教育実践が展開された。例えば、東京都港区立桜田小学校の「郵便ごっこ」は、文部省とＣＩＥのモデル授業で「桜田プラン」としてよく知られている。この他にも、兵庫県明石女子師範学校附属小学校の「明石プラン」や千葉県館山市北条小学校の「北条プラン」のように社会科をカリキュラムにおけるコアにしようとする立場と、奈良師範学校女子部附属小学校の「吉城《よしき》プラン」のように教科外活動をコアにしようとする立場などが併存していた。

(2) 地域教育計画

地域教育計画は、アメリカのコミュニティ・スクールの発想を強く受け、地域社会の生活課題と実態とを踏まえてカリキュラムを編成しようとする取り組みのことである。有名な取り組みとしては、広島県本郷町の「本郷プラン」や埼玉県川口市の「川口プラン」などが挙げられる。ここでは、本郷プランについて見ておきたい。

本郷プランとは、教育学者の大田堯《たかし》（一九一八―二〇一八）の指導のもと、一九四七年六月から一九五二年頃まで、広島県の農村地域である本郷町を中心に展開された地域教育計画のことである。リーダーの大田は、地域社会の生活問題が教育の課題となるような教育計画を構想し、地域社会の問題を明らかにするために実態調査が行われた。実態調査では、①人口構成、②職業形態、③文化形態、④住宅形態、⑤生活程度などの社会調査と、①地勢、②動物、③植物、④地質、⑤気象などの自然調査が行われた。こうして地域の概況を把握すると、さらに6つの社会機能別（政治、教育、文化、衛生、家庭、産業）の調査を行い、地域の問題点を整理している。こうして本郷町では、6つの専門部会と教育懇話会が組織され、町民による活動成果が教育課程編成に結びつけられた。本郷プランでは、子どもたちが生きる地域の生活現実からカリキュラムを編成し、その現実的課題をどのように解決していくかを子ども自身が考える教育が展開された。

(3) 戦後新教育に対する批判

戦後教育改革の中で、戦中の軍国主義は否定され、民主主義の実現を掲げて戦後新教育運動が展開された。戦後新教育には、看過しえない問題点や不充分さがあったことが指摘されている。当時多くの教育現場では、子どもの生活経験や興味関心に基づいた生活単元学習が展開されたが、「読・書・算」といった基礎的な学力をどのように保証するのか見出せずにいた。また、コア・カリキュラムにおいては、教科学習で習得すべき知識と子どもの経験との関連を曖昧にし、ただ単に経験させるだけの「はいまわる経験主義」に陥っているという批判がなされた。戦後のカリキュラム改革運動は、アメリカの理論的モデルを直輸入したものが多く、日本の学校や教師の置かれている実状を顧みないことが問題であった。次第に経験主義的な教育が子どもの基礎学力の低下を招いたとする批判が高まっていった。

子どもの自主性のみで教育活動を組織することには限界があることや、一部の教師には児童の活動を中心にした学習方法を放任教育と誤解する者がいた。一九五〇年代から戦後新教育は、カリキュラム理論や実践上の問題が顕在化すると共に、朝鮮戦争を転機とする社会状況の変化、学習指導要領の拘束性の強化など制度上の問題もあって次第に衰退していった。

引用参考文献

大田堯（一九七八）『戦後日本教育史』岩波書店。
貝塚茂樹（二〇〇一）『戦後教育改革と道徳教育問題』日本図書センター。
木村元（二〇一五）『学校の戦後史』岩波新書。

教育史学会編（二〇一七）『教育勅語の何が問題か』岩波書店。

小針誠（二〇一八）『アクティブラーニング――学校教育の理想と現実』講談社現代新書。

土持ゲーリー法一（一九九一）『米国教育使節団の研究』玉川大学出版部。

日本カリキュラム学会（二〇〇一）『現代カリキュラム事典』ぎょうせい。

肥田野直・稲垣忠彦編（一九七一）『教育課程　総論　戦後日本の教育改革6』東京大学出版会。

福井雅英（二〇〇五）『本郷地域教育計画の研究――戦後改革期における教育課程編成と教師』学文社。

本田由紀（二〇一八）「日本社会と教育の〈いま〉――ハイパー・メリトクラシーからハイパー教化へ――」教育思想史学会『近代教育フォーラム』第二七巻。

水原克敏（一九九二）『現代日本の教育課程改革――学習指導要領と国民の資質形成』風間書房。

文部省編（一九七二）『学制百年史』帝国地方行政学会。

山田恵吾・藤田祐介・貝塚茂樹（二〇〇三）『学校教育とカリキュラム』文化書房博文社。

山本礼子（二〇〇一）『米国対日占領下における「教職追放」と教職適格審査』学術出版会。

第5章　「生活指導」「生徒指導」の歴史的変遷

1．戦前期における生活指導

(1) 明治期の管理主義教育

「生活指導」・「生徒指導」の歴史的な系譜をたどることで、過去の先駆的な教育実践の遺産を見つめ直し、現在の教育実践へどのように活かすことができるのかを考えていきたい。現在、教師の役割は子どもに知識を授けることの他に、静かな学習環境を整えることや、望ましい道徳性を育成することなども重要とされている。教師がこうした教育指導を担うようになったのは、19世紀初め、ドイツの教育学者であるヘルバルト（Johann Friedrich Herbart, 1776-1841）（図5－1）が、教育学を教師にとって必要な「教職の科学」として体系的に位置づけたことに始まる。ヘルバルトは「道徳的品性の陶冶《とうや》」（道徳的な人格形成）を教育の目標と定めて、その実現のための指導方法を「管理・教授・訓練」と位置づけた。ここでいう「管理」は賞罰を用いながら粗野で無秩序な子どもを秩序づけていくこと、「教授」は教師が子どもに教える営みのこと、そして「訓練」とは教師が子どもを善い方向に人間形成する直接的な働きかけのことを意味している（山名二〇〇九：188－189）。

図5－1　ヘルバルト

出典：シャルレ・ド・ガルモー著『ヘルバルト及び其学徒』開発社、1901年。

明治二〇年代に日本は、ヘルバルトの教育理論に基づいた「ヘルバルト教育学」が導入され、教育現場で「管理・教授・訓練」の指導方法が普及した。ところが、当時の学校教育は、教師の権威に児童を服従させ、知識技能を注入する方法が採られたため、ヘルバルトの教育理論は歪められて受容されることとなり、「訓練」が「管理」の一部として理解された。そのため、児童に対する指導では、児童の自発的な活動はほとんど認められず、教師の直接的な「管理」を通して、学校の定めた規則を児童に強制するものとなっていた。

(2) 野村芳兵衛による「協働自治」の実践

大正期はデモクラシーが高揚する中で、明治期の管理主義教育への批判がなされ、児童の個性や自発性を尊重する「大正新教育運動」が隆盛を始める。大正新教育を推進した私立小学校や師範学校附属小学校においては、学校を児童の生活の場と捉え、学級自治や生活綴方などの教育実践が展開された。こうした実践のなかから、「生活指導」という新しい概念が誕生する。

池袋児童の村小学校は、一九二四(大正一三)年に教育改造運動を推進する同人組織「教育の世紀社」によって、創設された私立小学校である。同校では徹底的な「自由」を追求し、時間割や教師、教材、学習の場所を選ぶ自由が保障されている。教師として同校に着任した野村芳兵衛《のむらよしべえ》(一八九六―一九八六)は、当初自由放任で混沌とした雰囲気に戸惑いを感じたが、学校を児童の生活の場所として捉え、生活を指導する「生活教育」を展開した。

ところが、一九三〇年代に入ると昭和恐慌の影響によって、村落共同体が解体し、地域の教育力は衰退を余儀なくされる。こうした時代背景のなか、野村は児童を中心とした「生活教育」の限界を認め、児童たちに集団を組織させ、「協議」と「抗議」の2つの方法をもって「協働自治」を築こうとする。野村の著作『生活訓練と道徳教育』(一九三二年)では、「生活訓練」の基盤となる「協働自治」の実践「子供とニックネーム」が紹介されている(表5－1)。

表5－1　子供とニックネーム

「子供のあだな、そりゃいけない」と考える教育者も多いことと思う。だが、あだなはなぜいけないのであろうか？あだながいい、わるい、それを批判する場合にも、吾々の原則は至極明快だ。子供達の親しみの情があだなを呼び、あだなを呼ぶことで親密が保てると言うなら、あだな結構と言うべきである。それが子供達の友情から出ているかどうか。又それを使うことが、子供達の学校生活に於ける、特にその学習作業に於ける協働自治にいい影響を与えていないかどうか。

協働自治を弱めるならば―いけない。
別に関係がないならば―どちらでもいい。
協働自治に役立つならば―大いにいい。

さて、私はここで私の子供達に就いて、このニックネームの問題を考えて見たい。私の経験ではニックネームが子供の学習作用の協働を害したと言うような事には殆んど当面しなかった。例へば友達をいじめるために言う。友達の身体的(障がい―引用者注)な点を指摘して軽蔑すると言うようなあだなを言ふ。さうした行動は徹底的に非難すべきであると信ずるが、それは前以って私が注意したためか、別に出なかった。さて、ある日の相談会に、Kと言ふ子供が次のような提案を出した。

「N君はM君をもぐらと言うが、あれはかわいそいだからやめた方がいいです」するとNはすぐ立上って、Mの方を見ながら言った。

「だって見よ。もぐらの顔はもぐらの通りじゃないか」

みんなは笑った。Mも大きい声で笑っている。するとKは又叫んだ。

「だって、君が言われてみよ。いやじゃないか。」私はその時、Kの方を見て、「さうだ、K君の言う通りだ。どんなにもぐらに似ていても、M君がいやなのを、そんなあだなをつけるのはよくない。だからまあいやかどうかをM君にきくことにしよう」

そこで私はMの方へ顔をやった。勿論子供達もみんなMの方を見て、しんとしている。

「M君、どうだね」

すると、Mは何時もの、ニコニコ顔にあつぼったい口唇を動かして、バスの声で答えた。

「言ってもいいよ」

「本人がいいと言うならいいじゃないか、K君」と私はKに言った。

それは本人がいいのだから、何の問題にもならなかった。全くMは、それからでももぐらと言うあだなを自分でも得意に使っていた。

出典：野村芳兵衛『生活訓練と道徳教育』厚生閣、一九三二年（『野村芳兵衛著作集3』黎明書房、一九七三年）、199－201頁。

野村の学級では、相談会の時間に児童Mのあだ名を巡って「賛成」か「反対」かの話し合いがなされている。学級の規則を一方的に決めるのではなく、あだ名がいじめや身体的障がいへの軽蔑を生むことがないよう事前に指導を行い、あだ名を用いることの是非については児童の話し合いに委ねている。こうした実践は児童の集団自治を発展させ、自発的な活動を導き出そうとするものであった。

現在、一部の小学校で取り組まれている「あだ名禁止の校則」が賛否を巻き起こしている。千葉大学教育学部教授の藤川大祐は、「自由に私的なコミュニケーションをする権利を守りつつ、嫌なあだ名によって苦痛を受ける人権侵害が生じないようにどうするかという問題について、トップダウンでなく民主的に解決」を図ることが重要であり、「人権が脅かされることに対してと同様に、民主的な決定を省いてしまうことにも、警戒が必要である」と述べている（藤川二〇二〇）。規則によってあだ名を一律に禁止するだけでは、いじめ問題に対する効果は低く、児童の問題解決能力を育てることが困難となるだろう。

(3) 生活綴方教育から誕生した生活指導

戦前期の「綴方」は、国語科で作文の指導を行う教科目の一つであった。この科目では、教育内容を統制していた国定教科書がなかったことから、ある程度自由な教育実践を行う余地が教師に残されていた。

教師たちは、一九三〇年代に入ると労働や貧困に直面した児童の生活を作文の題材として、生活現実を捉えて綴らせる「生活綴方」を展開した。生活綴方とは、「生活経験のなかで遭遇したさまざまな出来事を、見たまま・聞いたまま・感じたままに表現させるリアリズムの精神（「ありのままに」）にもとづき、子どもたちにひとまとまりの文や詩を綴らせ、できあがった作品を学級のなかで集団的に批評しあわせる教育実践のこと」（船橋二〇一三：314）である。また、生活綴方の実践を積極的に授業内で取り組んだ教師のことを「綴方教師」と呼ぶ。鳥取県出身の綴方教師であった峰地《みねじ》光重《みつしげ》（一八九〇―一九六八）は、生活綴方実践のなかで、「生活指導」という概念を提唱した。

文を綴るという行為は、児童が自らの生活経験を思い起こし、書くことを頭のなかで順序立てなければならない。さらに、児童同士で完成した作文を読み合い批評することで、自らの生活経験を見つめ直し、問い直す思考を育むことにつながる。綴方教師は文章表現の指導に留まることなく、児童に現実生活での「ものの見方・感じ方・考え方」を指導し、生き方の探求を促したのである。こうして作文教育の一環であった生活綴方が、児童の生き方を指導する「生活指導」の方法として見いだされていった。

しかし、一九三〇年から四〇年代に軍国主義が台頭するなか、生活綴方の実践は、行政や警察当局から「資本主義社会の矛盾を自覚」（佐竹二〇一四：8）させる恐れがあるとの疑いをかけられている。これにより、治安維持法違反の容疑で多くの綴方教師たちが逮捕され、実践の衰退を余儀なくされた。それは裏を返せば、為政者側が綴方教育の影響力を非常に恐れていたことを示している。その後、生活綴方は戦後の民主教育の下で復活を遂げることになる。

2．戦後における「生活指導」「生徒指導」

(1) ガイダンス理論の導入と批判

戦後、日本の軍国主義は否定され、民主主義の実現を目指した教育改革が断行されている。具体的な改革案を提言した「第一次米国教育使節団」により、日本にはアメリカの「ガイダンス」(guidance) 理論が導入されている。ガイダンスとは、20世紀初頭のアメリカで「職業指導」として始まり、「子どもの現状から出発し対象となる子どもがいまなにを求めているのかをさぐり、それにふさわしい援助を与える教育活動」（鈴木一九九四：88）のことである。当時、文部省が発行した『児童の理解と指導』（一九四九年）においては、「児童中心の教育ということは、ガイダンスというものが加えられて、はじめて、新時代の教育として認められるということを強調しておきたい」（文部省一九四九：4）と記されている。教育現場では、児童の理解を図るために診断記録や観察記録など客観資料の分析に基づき、指導が行われた。現場の教師たちは、ガイダンスに基づく形式的な指導を批判し、児童の生活実態に根ざした指導を模索するようになる。そこで、戦前に弾圧された生活綴方の方法を継承発展させ、民主的な自治集団の形成を図るための「学級づくり」や「集団づくり」という、個人と集団の関係性を構築する実践が展開された。

(2)「生活指導」から「生徒指導」へ

一九五〇年代は、「生活指導」と「生徒指導」の両方の用語は使用されていた。しかし、次第に公的な言葉として「生活指導」という語は用いられなくなり、現在の公式用語である「生徒指導」が用いられるようになる(松下二〇一二：3)。一九六五(昭和四〇)年、文部省は『生徒指導の手びき』を作成して、「生徒指導」の語を用いる理由を「『生徒指導』に類似した教育用語に『生活指導』ということばがあり、この二つは、その内容として考えられているものがかなり近い場合があるが、『生活指導』という用語は現在かなり多義に使われているので、本書では『生徒指導』とした」(文部省一九六五：7)と説明されている。当時の教育界では、青少年の非行や問題行動が増加しており、管理主義的側面をもつ「生徒指導」へと変更されることとなった。

3. 自治集団を形成する教育実践

(1)『学級革命』と「ボス退治」

小西健二郎《こにしけんじろう》(一九二四―一九九五)は、兵庫県氷上《ひかみ》郡(現丹波市)の小学校教員で、綴方教育を核とした「学級づくり」の実践を展開した人物である。一九五二(昭和二七)年から翌年にかけて、持ち上がりで5、6年生を担当したが、一人の児童が「ボス」となって学級を支配していた。その事実に気づいた小西は作文指導や話合いの会を通して、「ボスが支配する学級から民主的な学級へと変えて」(田中二〇〇九：139)いった。その取り組みは彼の著書『学級革命』（一九五五年）で詳しく紹介されている。

当初、小西は成績もよく運動もでき、教頭を父に持つ清一のことを信用しており、彼の表裏のある態度に薄々気づいてはいながらも、リーダー指導が不十分となっていた（**表5－2**）。なお、ここでの「リーダー」と「ボス」との違いは、前者を「集団の利益を代表し、その実現に向けて牽引する者」、後者を「集団を自分の意のままに動かそうとする者」のことを意味する（藤井二〇一四：54）。

ある日、勝郎は学級の支配者である清一に抗おうと、その不正を綴った日記を全員の前で読みたいと申し出るが、報復を恐れ実行できないままとなる（**表5－3**）。小西は清一が学級の「リーダー」ではなく「ボス」であったことに驚き、ボス行為を許さない学級の雰囲気をつくろうと決意を固める。

表5－2　学級での出来事

時期	できごと
1952年度	小西が清一・勝郎ら5年生の担任となる
	小西は清一を信頼するとともに、いたずらが目立つ勝郎にも良さを見出し始める
9月	下級生と清一とのトラブルの際、忠利が清一のボス的行動を指摘するも、真相解明には至らない
中頃	小西は、クラスの皆が勝郎の良さを認められるように指導する
	勝郎に対する清一の圧力が増す
1月	勝郎が初めて日記で清一のボス的行動を訴える
	勝郎は2度清一に関する日記を書き、小西は「勇気を出せ」と励ます
1953年度	小西が清一・勝郎ら6年生を引き続き担任する
	学級生活の中から取材した文を書かせるよう指導
5月	「話し合いの会」を持つことにする
	子どもたちから小西への批判は出るようになるが、清一への批判は一度も出ない
9月	清一も関与する遊び中の問題が話し合われる
	清一が間接的に批判されるようになる
10月	清一が勝郎らに直接批判され、泣きながら謝罪

出典：星川佳加「『仲間づくり』における集団に関する一考察」『神戸大学大学院人間発達環境学研究科研究紀要』第13巻第1号、2019年、2頁から転載した。

表5－3　勝郎の日記より

あれから、なにかというとぼくをいじめたり悪口をいうようになったのだ。みんなは清一君にむちゃをされても、先生になんか絶対にいわない。よい物を持って来てやったり、人のわるいことをつげ口したりしてごきげんとりをしようとしている。ぼくは友だちの悪口なんか先生にいいたくないが、腹が立ってしょうがないので書く。（中略）

明日かえりに、ぼくはまた泣かされるかもしれない。清一君ひとりだったら負けないが、「一番、だれ、かかれ。」と順番をきめて、みんなにつぎつぎけんかさせるので、ぼくはまけてしまう。ぼくは、清一君と、ひとりとひとりで、けんかをして見たい。負けても勝っても一度だけ、思いきりやって見たい。

（先生、ぼくはがんばってこの日記を書いたのです。みんなの前で読ませてください。かなんけれど、力をふりしぼってよみます）

出典：小西健二郎『学級革命――子どもに学ぶ教師の記録』牧書店、一九五五年、170－171頁。

6年時には、学級生活を題材とした作文を書くように指導することで、児童たちの本音を引き出し、学級全体の様子を把握するように努める。さらに、学級児童会と別に設けた「話合いの会」では、自分自身の反省、友達の良い行動、悪いと思う行動などについて意見を出し合わせ、誰でも自由に発言できるように風通しの良い学級づくりが進められた。こうして、ボス行為を認めない雰囲気が学級で醸成され、勝郎らによる「ボス退治」がようやく成し遂げられた（表5－4）。

表5－4　ボス退治とその後の学級

そこでぼくは、「ぼくらは今までに悪いと気がついたら、みんなにあやまりました。清一君も、今までのことを考えて、悪いと思ったらあやまってください。」といった。とうとう清一君は泣きながらあやまった。（中略）

勝郎は、持前の世話好き、茶目ぶりを発揮してみんなに好かれ、清一は、頭の良さを発揮して、いい意見をつぎつぎ出してみんなをリードし、野球の投手として活躍。このクラスには、みんなから無視されたり、いじけたりする者もなく、小学校最後の学年を明かるくすごして、卒業していった。

出典：小西健二郎『学級革命――子どもに学ぶ教師の記録』牧書店、一九五五年、206―215頁。

(2)「班・核・討議」による「集団づくり」

大西忠治《おおにしちゅうじ》（一九三〇―一九九二）は、香川県丸亀市の中学校教諭で、生活綴方による生活指導を批判的に継承し、「班・核・討議づくり」による「集団づくり」を提唱した人物である。「集団づくり」の特徴は、前述した『学級革命』において見られる「学級集団の弱さ」を批判的に捉えたところにある。

大西は小西の「ボス退治」実践を、学級集団の力によって成し遂げられたのではなく、教師の「権力」を背景として、清一から勝郎へと「上部権力の移行」が行われたに過ぎないという。こうした点を踏まえ、「ボス退治も重要だったでしょうが、ボスの存在を赦した学級の集団的な弱さそのものにも、教師はもっと目をむけてよかったと思います」（大西一九六二：119）と指摘している。すなわち、大西は学級集団が教師の権力やボスの支配を乗り越え、よりよい生活を生み出していくことができる「集団づくりの方向」を示すことが重要だと考えた。

大西の「集団づくり」実践では、「班づくり」「核（リーダー）づくり」「討議づくり」という3つの方法が互いに関連し合い、学級を自治的な集団へとつくりあげていった。班づくりは、班という小集団を編成して、「集団と個人との関係を学んでいく」（大西一九八四：70）こと、核づくりは、生徒を「集団の自主的なリーダーに育てあげていくこと」（大西一九六四：33）で、リーダーを通じて、集団が民主主義を担い、自主的に行動できるようにする。討議づくりは、集団における様々な討議や話し合いを通じて、「集団としてのちからを教える」ことである。

当時の子どもたちにとって「集団づくり」の教育が、どのように受けとめられていたのかを見ておきたい。政治思想史学者の原武史は、一九七〇年代頃の小学校時代を振り返り、班同士で「授業や掃除、課外活動などで目標や希望を決め、相互に競争を行わせる」行為があったという。原はこうした「集団づくり」の教育に不満を抱き、卒業式において「ようやく集団から解放された」という安堵感を覚えたという（原二〇〇七：２６７）。一個人を通した体験記録ではあるが、生徒指導は、誰のために、どのような目的を持って行うものなのかを考えていく必要がある。

（３）「生活指導」「生徒指導」を問い直す

生活指導と生徒指導は、児童生徒の問題行動への対処方法であるという認識が一般的に存在したのではないだろうか。しかし、これまで見てきたように、両者は単なる問題行動への対処にとどまるものではなく、確固とした学問的な基盤に立って、そのあり方を追求する必要がある。これまで教育現場で使い分けをほとんど意識されないまま論じられ、実践されてきたのが実情である。

二〇二二年八月、文部科学省は12年ぶりに生徒指導のガイドブックとなる『生徒指導提要（改訂版）』を公表している。文部科学省のホームページによると、『『生徒指導提要』とは、小学校段階から高等学校段階までの生徒指導の理論・考え方や実際の指導方法等について、時代の変化に即して網羅的にまとめ、生徒指導の実践に際し教職員間や学校間で共通理解を図り、組織的・体系的な取組を進めることができるよう、生徒指導に関する学校・教職員向けの基本書」とされている。『生徒指導提要（改訂版）』においては、理不尽な校則の見直しや発達障害、性的マイノリティー（LGBT等）など性の多様性を踏まえた学校の対応等が明記されている。また、校則の内容を閲覧できるように学校ホームページ等に公開することが決定された。今後は、教職員間で生徒指導の理論や指導方法の共通理解を図り、組織的・体系的な取り組みを進めることが求められている。

引用参考文献

大西忠治（一九六二）「『学級革命』批判」全国生活指導研究協議会『生活指導』第39号、明治図書出版。

大西忠治（一九六四）『集団教育入門』国土社。

大西忠治（一九八四）『班のある学級』ほるぷ出版。

小西健二郎（一九五五）『学級革命――子どもに学ぶ教師の記録』牧書店。

佐竹直子（二〇一四）『獄中メモは問う――作文教育が罪にされた時代』北海道新聞社。

鈴木庸裕（一九九四）「戦後生活指導研究における教育技術の問題史的研究Ⅰ――指導と援助の関係をめぐって――」『福島大学教育学部論集』第56号。

高橋陽一・伊東毅編（二〇二〇）『これからの生活指導と進路指導』武蔵野美術大学出版局。

田中耕治編著（二〇〇九）『時代を拓いた教師たち Ⅱ 実践から教育を問い直す』日本標準。

原武史（二〇〇七）『滝山コミューン１９７４』講談社。

藤井啓之（二〇一四）「生活指導の展開――生活指導の類型と今日の課題――」山本敏郎他『新しい時代の生活指導』有斐閣。

藤川大祐（二〇二〇）「あだ名禁止 人権を民主的な解決で守ることが大切だ」教育新聞（https://www.kyobun.co.jp/commentary/c20201127）（閲覧日二〇二二年八月二二日）

船橋一男（二〇一三）「生活綴方の教師たち――公教育のオルタナティブの開拓」『講座 東アジアの知識人 第3巻』有志舎。

松下一世（二〇一二）「『集団づくり』論の推移――人権の視点からの再考――」『佐賀大学文化教育学部研究論文集』第一六巻第二号。

文部省（一九四九）『児童の理解と指導』文部省。

文部省（一九六五）『生徒指導の手びき』文部省。

山名淳（二〇〇九）「ヘルバルトから新教育へ」今井康雄編『教育思想史』有斐閣。

第6章　学校における道徳教育

1.「読む道徳」から「考え、議論する道徳」へ

(1) 道徳教育の現状と課題

「道徳の時間」が教科化されたことによって、小学校は二〇一八(平成三〇)年度、中学校は二〇一九(平成三一)年度から、「特別の教科 道徳」(以下、道徳科)として授業が実施されている。大きな変更点としては、検定教科書の使用や記述式評価の導入が挙げられる。特に注目すべき点として、読み物教材を用いた登場人物の心情理解に終始した授業から、道徳科の授業では「考え、議論する道徳」への転換が求められていることである。

道徳科においては発達段階に応じて、答えが一つではない課題に一人ひとりの児童生徒が道徳的な問題と向き合っていくことになる。また、道徳科の内容項目に関しては、いじめ問題への対応の充実や発達の段階をより一層踏まえた体系的なものに見直すとともに、「問題解決的な学習」や「体験的な学習」などを取り入れ、指導方法の工夫を行うことが示されている。すなわち、道徳教育および道徳科の目標である「道徳性の育成」という観点を意識しながら、児童生徒の変容を引き出す教育活動を行わなければならない。

(2) 道徳教育の目標

道徳教育の目標は、新学習指導要領の「第1章 総則」第1の2において、「道徳教育は、教育基本法及び学校教育法に定められた教育の根本精神に基づき、自己(人間として)の生き方を考え、主体的な判断の下に行動し、自立した一人の人間として他者と共によりよく生きるための基盤となる道徳性を養うことを目標とする。」(括弧

内は中学校）と示されている。

道徳教育は児童生徒の「道徳性を養う」ことを目標としている。ここで言われる「道徳性」とは、「人間としてよりよく生きようとする人格的特性であり、道徳教育は道徳性を構成する諸様相である道徳的判断力、道徳的心情、道徳的実践意欲と態度を養うこと」（文部科学省二〇一五：19）とされる。この道徳的判断力とは善悪を判断する能力のことである。また、道徳的心情とは善を行うことを喜び、悪を憎む感情である。さらに、道徳的実践意欲と態度とは、道徳的判断力や道徳的心情によって価値があるとされた行動をとろうとする傾向性のことである。これらの諸様相は、「序列や段階をもつものではなく、互いに影響を及ぼし合いながら、『道徳性』を構成するものである」（渡邉・山口・山口二〇一七：28）。すなわち、道徳教育の目標にある「道徳性を養う」とは、道徳的判断力や心情を基盤として、道徳的価値を子どもたちが自覚し、実現しようとする意欲や態度を養うことなのである。

（3）教育活動全体を通じて行う道徳教育

学校における道徳教育は、道徳科はもとより、各教科、外国語活動、総合的な学習の時間、特別活動のそれぞれ固有の目標や特質に応じて行われる。道徳科は、教育活動全体を通じて行う道徳教育の要《かなめ》としての役割を果たすことができるように、計画的・発展的な指導を行うことが重要である。具体的には、各教科等で行われる道徳教育を補うことや、児童生徒および学校の実態などを踏まえて指導をより一層深めること、内容項目の相互の関連を捉え直し発展・統合することに留意して指導することが求められている。

今後の道徳科は、「読む道徳」から「考え、議論する道徳」へと転換することによって、学校の教育活動全体を視野に入れながら、児童生徒の変容を引き出す教育活動を展開しなければならない。そのためには、個々の学校や教師が教科を越えて学校全体で道徳教育を展開していく「カリキュラム・マネジメント」の視点を持つ必要がある。また、他の学校組織および地域社会との交流を通して共同の学びの輪を広げるとともに、問題解決に向けた学習のあり方を計画化・組織化していくことが重要となる。

(4) 道徳教育の「評価」

学習指導要領では、「児童（生徒）の学習状況や道徳性に係る成長の様子を継続的に把握し、指導に生かすよう努める必要がある。ただし、数値などによる評価は行わないものとする」（文部科学省ＨＰ）と明記されている。これは、道徳科の評価を行わないわけではなく、道徳性を数値などによって不用意に評価しないことを意味している。すなわち、児童生徒の学習状況や成長の様子を適切に把握し評価されなければならない。道徳性は、児童生徒の人格に関わるため、他の児童生徒との比較による評価ではなく、いかに成長したかを見定め、個人内評価として記述式で行うことが求められている。

評価のポイントとしては、①児童生徒の学習の過程や成果などの記録を計画的にファイル等に集積して学習状況を把握すること（ポートフォリオ評価等）、②1回の授業のなかで全ての児童生徒について評価を意識してよい変容を見取ろうとすることは困難であるため、年間35単位時間の授業という長い期間のなかでそれぞれの児童生徒の変容を見取ることを心掛けるようにすること、③教員同士で互いに授業を公開し合うなど、チームとして取り組むことにより、児童生徒の理解が深まり、変容を確実につかむことができるようにすることなどが挙げられる。基本的には、児童生徒一人ひとりの学習状況を把握し、認めて励ますような個人内評価を中心に記述していく評価方法が求められている。

2．道徳教育の充実に向けて

(1) 道徳教育推進教師

道徳教育推進教師（以下、推進教師と省略）は、二〇〇八（平成二〇）年に改訂された学習指導要領において「道徳教育の推進を主に担当する教師」（文部科学省二〇〇八：61）として、新たに位置づけられた。二〇一七（平成二九）年告示の「小・中学校学習指導要領解説 特別の教科 道徳編」においても、各学校においては、道徳教育の目標を踏まえ、道徳教育の全体計画を作成し、校長の方針のもと、推進教師を中心に全教師が協力して道徳教育を展開することが明記されている。

校長が推進教師を選任する際には、「道徳教育についての深い見識と豊かな実践力を備えた教員を選ぶ必要」（七條・植田二〇一六：8）がある。各学校では、推進教師の役割を道徳主任が兼務している、あるいは、推進教師と道徳主任を併置している、複数の教師がチームを組んで推進教師の役割を担っているなど、組織体制や学校規模に応じた柔軟な体制作りを行うことが考えられる。

推進教師は、「学校の教育活動全体を通じて行う道徳教育を推進する」役割を担うとともに、「全教師の参画、分担、協力の下に、その充実が図られるよう働きかけていく」ことが求められている（文部科学省二〇一七ａｂ：146）。

(2) 教員の研修と道徳教育推進教師

現在、グローバル化や情報化、人工知能（ＡＩ）などの進展に伴い、社会の変化が急速に進みつつある。めまぐるしく変化する時代において、教員が既存の知識や経験だけでその職務を全うすることは極めて困難である。

教員の研修を規定している教育公務員特例法において、「教育公務員は、その職責を遂行するために、絶えず研究と修養に努めなければならない」（第21条）、「教育公務員には、研修を受ける機会が与えられなければならない」（第22条）と定められており、「研修」の重要性が謳われている。また、教員が研修に参加し学ぶことは、専門的な知識や授業実践力を向上させ、その成果を授業に取り入れることで、児童生徒の学習意欲や探究心を高めることに貢献する。

二〇一二（平成二四）年の中央教育審議会答申では、教員の学ぶ姿勢について、「教職生活全体を通じて、実践的指導力等を高めるとともに、社会の急速な進展の中で、知識・技能の絶えざる刷新が必要であることから、教員が探究力を持ち、学び続ける存在であることが不可欠である」として、「学び続ける教師像の確立」を提唱している（中央教育審議会二〇一二：2）。すなわち、教員は研修を通して、専門性を向上させ、豊かな授業実践を創造していく必要がある。そのため教育公務員である教員には、様々な研修や講習を受ける機会が与えられており、資質能力の向上を図ることが常に求められている。

(3) 研修を充実させるための工夫

現在、教員の年齢構成は「大量採用期の40歳代から50歳代前半の層が多く、いわゆる中堅層以下の世代が少ない構成」（文部科学省ＨＰ）となっており、教員集団のなかで中堅教師の占める割合は少なくなっている。加えて、校内において主要な役割を担っている場合が多いため、非常に多忙な状況にある。その結果、中堅教師が若手教師の支援や指導にまで手が回らず、指導技術が若手に継承されにくい状況があるため、若手教師の悩みに応える研修会づくりが重要となる。研修では推進教師が中心となり、基本的な指導方法、授業のアイデアの紹介などを積極的に行い、道徳授業における若手教師の悩みに応え、授業改善の一助になることが求められている。また、効果的な道徳教育を展開するためには、児童生徒の実態把握に努め、日常的な道徳授業における共通課題や問題点が何かを明らかにする必要がある。その際には道徳アンケートの実施、振り返りシートやワークシートの自己評価欄を検討することが有効である。

研修の場を通して、教員間で道徳授業の共通課題や問題点などを共有化することも重要である。研修では、校長や教頭などの参加はもちろんのこと、推進教師を中心としながら、全教師が活発な議論を行い、具体的な提案を行うことが望まれる。次年度に向けて、実効性のある提案を「全体計画」や「年間指導計画」に反映することで、より充実した道徳授業を創造していくことができる。もちろん、研修では若手教師の資質能力の向上だけではなく、次世代の道徳教育を担うことができる推進教師の育成も重要な役割である。

3．道徳科授業における情報モラルの指導

(1) インターネット普及と情報モラル

インターネットの急速な普及に伴い、児童生徒がスマートフォンやタブレット端末などのデジタル機器を利用する機会が増加している。二〇一九（令和元）年の内閣府の調査によると、インターネットを利用していると回

答した2，977人のうち、スマートフォンでのネット利用者は、小学生43・5％、中学生69・0％、高校生92・8％との結果が示されている（内閣府二〇二〇：27）。学校種が上がるにつれて、インターネット利用の割合は高くなる傾向にあり、児童生徒がデジタル機器を日常的に用いる環境にあることがわかる。そのため、児童生徒のなかには、いわゆる「ネットいじめ」やゲームの高額課金、出会い系サイトによる被害など、思わぬトラブルに巻き込まれるケースが後を絶たない。さらに、ネット依存による心身への健康被害も大きな問題である。

インターネットは、誰もが自由に情報発信できる利点があるものの一方で、匿名であることを隠れ蓑として、他人への誹謗中傷、悪意のあるデマ、個人情報の流出など、悪質な行為が問題視されている。総務省では、インターネット上の匿名発信者の特定を容易にする制度改正を検討するとの意向を示している。法律や制度の整備は重要であるが、言論の自由が制限されることがあってはならない。ましてや、デジタルネイティブと呼ばれる世代の児童生徒たちに対しては、ネットやスマホ利用を禁止・規制するよりも、情報モラルを身につけさせることが一層重要になる。

(2) 道徳科における情報モラル

文部科学省の定義によると情報モラルとは、「情報社会で適正な活動を行うための基になる考え方と態度」（文部科学省二〇一七c：86）とされる。現在、小・中学校の道徳科においては、情報モラルに関する指導を充実することが学習指導要領に明示され、学校や児童生徒の実態に応じた指導が道徳教育のなかで求められている。

小・中学校の道徳授業は、各学年で35時間（小学校1学年は34時間）の授業時数が定められており、その時間内に児童生徒の道徳的価値の形成に必要な22の内容項目（低学年19項目、中学年20項目）を取り上げ、指導することになっている。しかし、内容項目として情報モラルが位置づけられているわけではないため、道徳授業では情報モラルを道徳的価値として取り上げることは、なかなか難しい。そこで、内容項目と情報モラルとに関連性を持たせることによって、道徳授業では情報モラル教育を指導することが考えられる。例えば、内容項目「C 主として集団や社会との関わりに関すること」では、「法やきまりの意義」「自他の権利」などの内容を扱うことになるが、これらは「情報社会の倫理」、「法の理解と遵守」とつながっており、情報モラル教育の一環と捉えて指導することが可能である。

(3) 情報モラル教育を充実させるための取り組み

学習指導要領には、「道徳科は、道徳的価値の理解を基に自己を見つめる時間であるとの特質を踏まえ、例えば、情報機器の使い方やインターネットの操作、危機回避の方法やその際の行動の具体的な練習を行うことにその主眼を置くのではないことに留意する必要がある」(文部科学省二〇一七a：98) と明記されている。具体的な指導としては、「親切や思いやり、礼儀に関わる指導の際に、インターネット上の書き込みのすれ違いなどについて触れたり、規則の尊重に関わる指導の際に、インターネット上のルールや著作権など法やきまりに触れたりすることが考えられる」(文部科学省二〇一七a：98)。すなわち、道徳授業では、情報通信技術に特化した教育ではなく、情報モラル教育の内容である「情報社会の倫理」、「法の理解と遵守」を中心に指導することが求められている。

児童生徒が情報モラルを学習する上で出発点となる基礎資料は、道徳教科書である。ただ、道徳教科書における情報モラル教材の特徴を分析した研究においては、教科書会社8社から出版されたすべての道徳教科書で情報モラル教材が扱われているものの、「情報モラル教材数が限定的であった」ことが指摘されている（相澤・小河・大輪二〇一九：144）。確かに、道徳教科書に掲載された1、2頁程度の教材を指導するだけで、「情報モラルに関する指導が充実した」と言い切るのは、何とも心もとない。そこで、情報モラルの指導を充実させるためには、道徳教科書の内容を教えるだけではなく、教員による補助教材の開発が重要となる。その際には、「情報機器への危機感を徒に煽るような資料の提示を避け、科学的根拠と思考から学ぶ補充資料を作成する必要」（村松二〇一五：199）がある。

引用参考文献

相澤崇・小河智佳子・大輪知穂（二〇一九）「小学校高学年道徳科の検定済教科書における情報モラル教材の特徴分析」『都留文科大学研究紀要』第90集。

石原一彦（二〇一一）「情報モラル教育の変遷と情報モラル教材」『岐阜聖徳学園大学紀要』第50集。

七條正典・植田和也編著（二〇一六）『道徳教育に求められるリーダーシップ』美巧社。

竹口幸志（二〇二〇）「情報技術の進展に伴う情報モラル教育内容の再考――初等教育段階における情報モラル教育実施体系の分析を通して――」『鳴門教育大学学校教育研究紀要』第34号。

田中辰雄・山口真一（二〇一六）『ネット炎上の研究――誰があおり、どう対処するのか』勁草書房。

中央教育審議会（二〇一二）「教職生活の全体を通じた教員の資質能力の総合的な向上方策について（答申）」文部科学省ホームページ。

内閣府（二〇二〇）「令和元年度　青少年のインターネット利用環境実態調査（PDF版）」内閣府ホームページ。

永田繁雄・島恒生編（二〇一〇）『道徳教育推進教師の役割と実際　心を育てる学校教育の活性化のために』教育出版。

宮崎敦子（二〇一八）「教員の研修に関する考察――退職教員・現職教員の研修に関する意識調査より」『早稲田大学大学

院教育学研究科紀要 別冊』第26号。

村松遼太（二〇一五）「『わたしたちの道徳』における情報モラルに関する教材の課題――内容項目との関連性の分析を通して――」日本教材学会『教材学研究』第26巻。

文部科学省（二〇〇八）『小学校学習指導要領解説 道徳編』文部科学省。

文部科学省（二〇一五）『小学校学習指導要領解説 特別の教科 道徳編』文部科学省。

文部科学省（二〇一七ａ）『小学校学習指導要領（平成二九年告示）解説 特別の教科 道徳編』文部科学省。

文部科学省（二〇一七ｂ）『中学校学習指導要領（平成二九年告示）解説 特別の教科 道徳編』文部科学省。

文部科学省（二〇一七ｃ）『【総則編】小学校学習指導要領（平成二九年告示）解説』文部科学省。

渡邉満・山口圭介・山口意友編著（二〇一七）『新教科「道徳」の理論と実践』玉川大学出版部。

第7章　ＥＳＤとＳＴＥＡＭ教育を軸とした教科横断学習

1．ＥＳＤとＳＴＥＡＭ教育の位置づけ

(1) 持続可能な社会の創造を目指すＥＳＤ教育

近年、世界各国では環境破壊、貧困問題、気候変動、自然災害、国際紛争など、これまでの知見からは予測や対応の難しい様々な問題に直面している。より厳しい時代を生き抜いていく子どもたちは、今後、持続可能な社会を支え、創り手となることを期待されている。

二〇〇二年の第57回国連総会で二〇〇五年から二〇一四年の10年間を「国連持続可能な開発のための教育の10年（ＤＥＳＤ）」とすることが決議された。これを受けて、日本では持続可能な社会を実現するためのＥＳＤ教育が注目されるようになった。ＥＳＤとは「Education for Sustainable Development」のことであり、「持続可能な開発のための教育」と訳されている。

文部科学省によると、ＥＳＤとは「地球に存在する人間を含めた命ある生物が、遠い未来までその営みを続けていくために、これらの課題を自らの問題として捉え、一人ひとりが自分にできることを考え、実践していくこと（think globally, act locally）を身につけ、課題解決につながる価値観や行動を生み出し、持続可能な社会を創造していくことを目指す学習や活動」のことであり、「持続可能な社会づくりの担い手を育む教育」と定義している（文部科学省ＨＰ）。ここで、ＥＳＤで育みたい力について見ておきたい。①持続可能な開発に関する価値観（人間の尊重、多様性の尊重、非排他性、機会均等、環境の尊重等）、②体系的な思考力（問題や現象の背景の理解、多面的かつ総合的なものの見方）、③代替案の思考力（批判力）、④データや情報の分析能力、⑤コミュニケーション能力、

⑥リーダーシップの向上などが挙げられている。

（2）ＥＳＤの推進拠点ユネスコスクール

ユネスコスクールは、「ユネスコ憲章に示されたユネスコの理念を実現するため、平和や国際的な連携を実践する学校」（文部科学省ＨＰ）である。現在、世界182ヵ国以上の国・地域で約12，000校以上のユネスコスクールがある。日本国内の加盟校数は、二〇〇五（平成一七）年に「国連・持続可能な開発のための教育の10年（ＤＥＳＤ）」が始まると飛躍的に増加し、日本の加盟校は1，115校（二〇二三年三月現在）となっている（ユネスコスクールＨＰ）。一ヵ国当たりの加盟校数としては世界最大とされている。

ユネスコスクールは、著名な教育実践校ばかりが対象とされているのではない。また、ＥＳＤの実践とは、これまで各校で培われてきた既存の教育実践にかかわる全く新しい教育を始めることでもない。求められていることは、固有の理念や歴史を有している個々の学校組織が「持続可能な社会」という共有されたビジョンに向かい、自らの実践を振り返り、相対化、普遍化させていくことである。さらに、他の学校組織および地域社会との交流を通して共同の学びの輪を広げることで、問題の解決に向けた学習のあり方を計画化・組織化していくことにあると言えよう。

（3）ＥＳＤの視点で授業を統合的に再構築する

学習指導要領の前文では、「一人一人の生徒が、自分のよさや可能性を認識するとともに、あらゆる他者を価値のある存在として尊重し、多様な人々と協働しながら様々な社会的変化を乗り越え、豊かな人生を切り拓き、

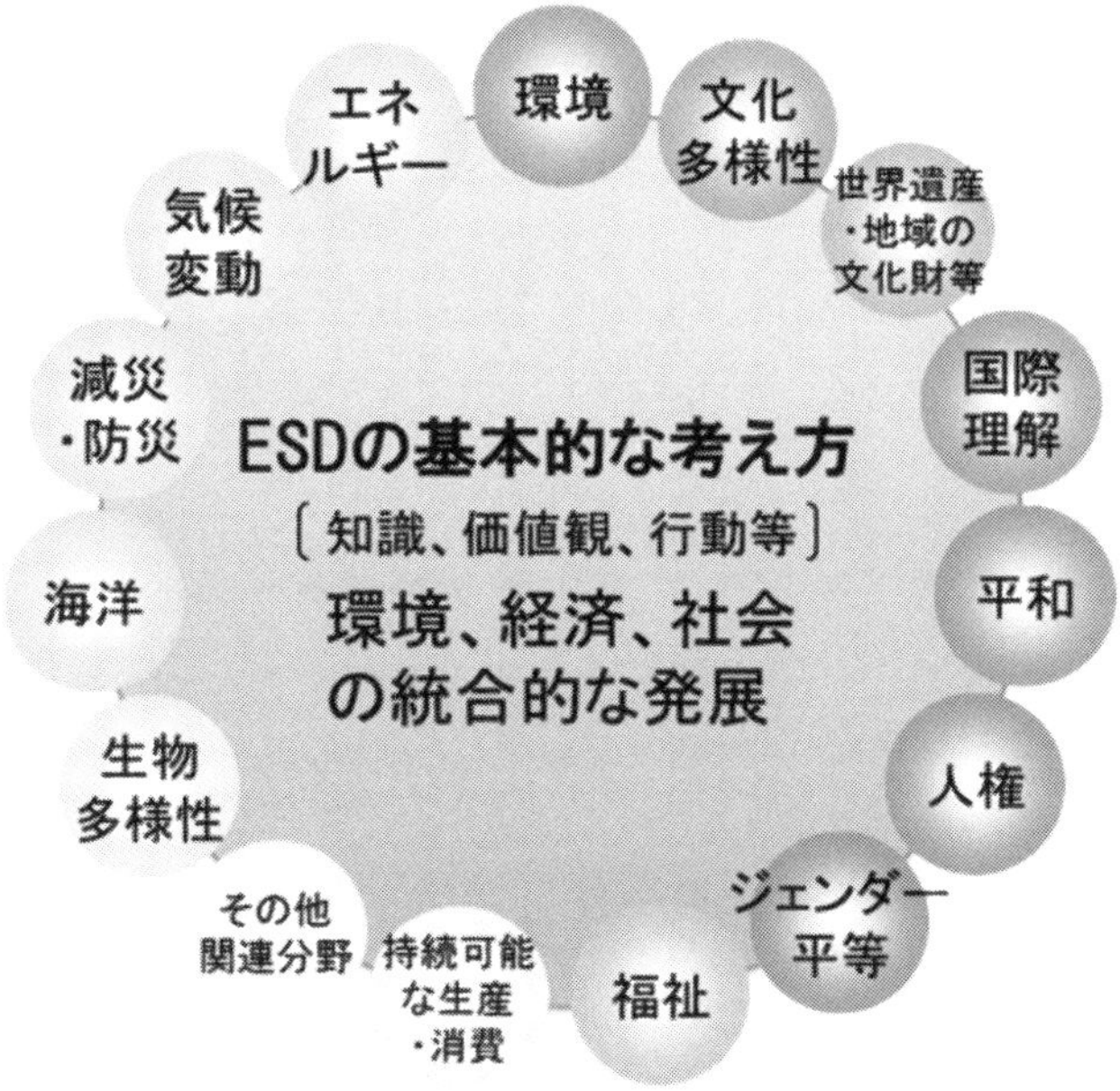

図7－1　ESDの基本的な考え方

出典：文部科学省ホームページ

持続可能な社会の創り手となることができるようにすることが求められる」（文部科学省二〇一七）とされている。このように学習指導要領においても、ＥＳＤが目指す「持続可能な社会」を形成するための視点が盛り込まれており、中学校においては、各教科、道徳科、総合的な学習の時間および特別活動を通じて、「社会の持続可能な発展」に向けた教育が取り組まれなければならない。これを実践するには、学校の教育活動全体を通じてアプローチするとともに、あらゆる分野の知識を動員する必要があり、かつ国際的な連携が必要である（図7-1）。

ＥＳＤ教育では多様な教材の開発や教材の特質を踏まえた創意工夫のある授業が期待されている。例えば、理科は環境教育やエネルギー教育、生物多様性などでＥＳＤと深く関わる科目であり、科学的知識を学ぶことだけにとどまらず、「生きる力」や道徳的価値に関わる学習が重要である。道徳科においては、「自然愛護」や「環境保全」など理科教育と関連するテーマを、ＥＳＤの視点で統合的に再構築することで、よりいっそう実効性のある授業を創造することが可能となる。

（4）教科横断的なＳＴＥＡＭ教育

ＳＴＥＡＭ《スティーム》教育とは、科学（Science）、技術（Technology）、工学（Engineering）、芸術（Art）、数学（Mathematics）の頭文字を組み合わせた造語で、文理融合教育のことである。日本ＳＴＥＭ《ステム》教育学会の説明によると、その起源は「一九九〇年代の米国で、国際競争力を高めるための、科学技術人材の育成を目的とした教育政策として、注目されてきた」とされる。なお、近年において、「ＳＴＥＭ教育」とそこにＡｒｔ（芸術）を加えた「ＳＴＥＡＭ教育」という２つの語が使用されているが、識者によって捉え方が異なるため一概に定義することは困難である。あえて定義を設けるなら、前者は「自然現象、人間の日常生活の中での技術的、工学的な課題解決のため、１つの解決策を目指す傾向」にあるが、後者は「１つの解決策に固定化されやすいＳＴＥＭにＡｒｔｓが加わることで多面的見方が促され、新しい解決策を生み出せる」とされている（胸組二〇一九：64）。

現在、ＳＴＥＡＭ教育はアメリカだけでなく、中国やインド、シンガポールなどアジア各国でも取り組まれ、日本においても文部科学省や経済産業省を中心に推進されている。文部科学省では、ＳＴＥＡＭ教育を推進することによって、「各教科での学習を実社会での課題解決に生かしていくための教科横断的な教育」を実現することを目指している（文部科学省二〇一九）。

これまで日本の高等教育は、「文系」と「理系」との区分に分けて、長らく人材育成を行ってきた（隠岐二〇一八）。そのため、文系か理系かという学問上の便宜的な区分に捉われ過ぎてしまい、自らステレオタイプを生み出すことになったのではないだろうか。現在でもしばしば、文系か理系かどちらが役に立つのかという議論が交わされているが、従来的な狭い枠組みに捉われるべきではないだろう。本来教育は、豊かな教養や思考力を身につけ、社会、地域に貢献できる自律した人材を育成することにある。

そこで、ＥＳＤやＳＴＥＡＭ教育の視点を取り入れ、道徳科と理科の学習内容を有機的に関連させることで、「生命を尊重」しようとする態度をどのように育成するのかを検討しておきたい。

2．外来種問題と「生命」について考える

(1) 外来種問題の現状

「在来種」はもともとその地域に生息していた生物種のことである。他方で、「外来種」とはもともとその地域に生息していなかったのに、人間の活動によって他の地域から連れてこられた生き物たちのことを指す。また、外来種であっても、長期間にわたってその地域に生息し生態系に溶け込むことによって、「帰化種」と呼ばれるようになる。日本では、二〇〇五（平成一七）年に在来生態系の確保を目的とする「特定外来生物による生態系等に係る被害の防止に関する法律」（「外来生物法」や「外来種被害防止法」と略される）が施行された。同時に国民がとるべき姿勢としては、「悪影響を及ぼすかもしれない外来生物をむやみに日本に入れない」、「飼っている外来生物を野外に捨てない」、「野外にすでにいる外来生物は他地域に拡げない」ことを謳った外来生物被害予防三原則が作成、閣議決定されている。現在、外来種問題に対する注目が集まっているが、道徳科と理科の視点から「生命」について考える手がかりを提示してみたい。

（2）道徳科と理科の視点から「生命」を考える

現行の学習指導要領理科では、外来種が在来種の「生物多様性」の保全に影響を及ぼすという学習内容は扱われていない。そのため、児童生徒の在来種や外来種に関する知識は十分に習得されているとは言えないのが現状ではないだろうか。こうした状況のなか、身近な大人やメディアが「外来種＝悪」というメッセージを知らず知らずのうちに発信することで、児童生徒が安易に「外来種だから駆除されて当然」と考えたとしても不思議ではない。例えば、道徳科の授業において、児童生徒から「なぜ、大切で尊い命なのに、外来種の命を奪うのですか」という素朴な疑問が出た場合、あなたなら、どのように返答するだろうか。「外来種（＝悪者）だから駆除してもよい」という受け答えでは、児童生徒が納得するはずもなく、ましてや、「人に害を及ぼすから排除してもよい」、「日本の固有種でないから排除してもよい」といった指導は、差別や排外主義を助長する危険性を孕んでいる。理科の授業では何が在来種で、何が外来種なのかの識別だけでなく、豊かな生物多様性が維持されてこそ、人類は豊かな「生態系サービス」を受けることができるといった内容をわかりやすく伝えることが重要である。理科においては、外来種問題の取り扱いの現状やそれに関する課題を把握しておくと共に、道徳教育の大きなテーマである「生命」についても考えさせる好機となるだろう。

近年、サイエンスライターのエマ・マリスは、外来種駆除が主流とされる現状に対して、「科学的にも、外来種のなかには極めて品行方正で無害なもの、あるいは有益なものさえあることがわかってきている。だから、本来はいない『はず』の場所にいるからという理由だけで、外来種を駆逐することに時間と金を使うことは、もっと建設的な自然保護計画に投入し得る時間と金を無駄にすることだ」と述べている（エマ・マリス二〇一八：177）。こうした視点を踏まえ、今一度、「生命」とは何か、守るべき「自然の姿」とは何かを教科横断的に考えてみる必要があるのではないだろうか。

3．特別支援教育における道徳教育の充実

（1）特別支援教育とは

特別支援教育とは、「障害のある幼児児童生徒の自立や社会参加に向けた主体的な取組を支援するという視点に立ち、幼児児童生徒一人一人の教育的ニーズを把握し、その持てる力を高め、生活や学習上の困難を改善又は克服するため、適切な指導及び必要な支援を行う」（中央教育審議会二〇一八：5）と定義されている。現在、小学校や中学校において、「通常の学級に在籍するLD・ADHD・高機能自閉症等の児童生徒に対する指導及び支援が喫緊の課題」であり、『特別支援教育』においては、特殊教育の対象となっている幼児、児童生徒に加え、これらの児童生徒に対しても適切な指導及び必要な支援を行う」とある（中央教育審議会二〇一八：5）。

発達障害とは、発達障害者支援法の第二条によると、「自閉症、アスペルガー症候群その他の広汎性発達障害、学習障害、注意欠陥多動性障害その他これに類する脳機能の障害であってその症状が通常低年齢において発現するものとして政令で定めるもの」とされている。ここでは、発達障害とされる学習障害（LD）、注意欠陥多動性障害（ADHD）、自閉症、高機能自閉症、アスペルガー症候群について文部科学省の説明を用いて確認しておきたい（中央教育審議会二〇一八：46、文部科学省二〇二二）。

①学習障害（LD）

学習障害とは、基本的には全般的な知的発達に遅れはないが、聞く、話す、読む、書く、計算する又は推論す

る能力のうち特定のものの習得と使用に著しい困難を示す様々な状態を指すものである。学習障害は、その原因として、中枢神経系に何らかの機能障害があると推定されるが、視覚障害、聴覚障害、知的障害、情緒障害などの障害や、環境的な要因が直接の原因となるものではない。

②注意欠陥多動性障害（ＡＤＨＤ）

ＡＤＨＤとは、年齢あるいは発達に不釣り合いな注意力、及び／又は衝動性、多動性を特徴とする行動の障害で、社会的な活動や学業の機能に支障をきたすものである。また、7歳以前に現れ、その状態が継続し、中枢神経系に何らかの要因による機能不全があると推定される。

③自閉症

自閉症とは、①他者との社会的関係の形成の困難さ、②言葉の発達の遅れ、③興味や関心が狭く特定のものにこだわることを特徴とする発達の障害である。その特徴は3歳くらいまでに現れることが多いが、成人期に症状が顕在化することもある。中枢神経系に何らかの機能不全があると推定されている。

④高機能自閉症

高機能自閉症とは、3歳くらいまでに現れ、①他人との社会的関係の形成の困難さ、②言葉の発達の遅れ、③興味や関心が狭く特定のものにこだわることを特徴とする行動の障害である自閉症のうち、知的発達の遅れを伴わないものをいう。また、中枢神経系に何らかの要因による機能不全があると推定される。

⑤アスペルガー症候群

知的発達の遅れを伴わず、かつ、自閉症の特徴のうち言葉の発達の遅れを伴わないものである。なお、高機能自閉症やアスペルガー症候群は、広汎性発達障害に分類されるものである。

（2）特別支援教育における道徳科

道徳科においては、児童生徒の抱える障がいが多様であることを理解し、その実態に応じた指導を行う必要がある。特に、「視覚障害者、聴覚障害者、肢体不自由者又は病弱者である児童に対する教育」と「知的障害者である児童に対する教育」という区分については、「指導に対する基本的な考え方や在り方が異なることに留意する必要がある」（吉本二〇二一：２２１）。前者は知的障がいのない児童生徒を対象としており、通常の小学校・中学校の教育課程に準ずるとされる。一方、後者は知的障がいのある児童を対象としているため、「法令によって特別の教育課程が認められると共に指導形態も実態に応じて多様に工夫される」（同前：２２１）。また、実際の授業においては、「内容や教材などの取り扱いは該当学年ではなく下学年のそれらに替えたり、道徳科の時間を設けずに『各教科等を合わせた指導』という指導形態で道徳科の内容」を扱うことが可能である（同前：２２１）。

表7－1　特別支援教育と道徳科

小学部又は中学部の道徳科の目標，内容及び指導計画の作成と内容の取扱いについては，それぞれ小学校学習指導要領第3章又は中学校学習指導要領第3章に示すものに準ずるほか，次に示すところによるものとする。

1　児童又は生徒の障害による学習上又は生活上の困難を改善・克服して，強く生きようとする意欲を高め，明るい生活態度を養うとともに，健全な人生観の育成を図る必要があること。

2　各教科，外国語活動，総合的な学習の時間，特別活動及び自立活動との関連を密にしながら，経験の拡充を図り，豊かな道徳的心情を育て，広い視野に立って道徳的判断や行動ができるように指導する必要があること。

３　知的障害者である児童又は生徒に対する教育を行う特別支援学校において，内容の指導に当たっては，個々の児童又は生徒の知的障害の状態，生活年齢，学習状況及び経験等に応じて，適切に指導の重点を定め，指導内容を具体化し，体験的な活動を取り入れるなどの工夫を行うこと。

出典：文部科学省「特別支援学校幼稚部教育要領　小学部・中学部学習指導要領」文部科学省，192頁。

引用参考文献

エマ・マリス著，岸由二・小宮繁訳（二〇一八）『「自然」という幻想――多自然ガーデニングによる新しい自然保護』草思社。

隠岐さや香（二〇一八）『文系と理系はなぜ分かれたのか』星海社。

小島宏編（二〇一〇）『各教科・領域等における道徳教育の進め方の実際』教育出版。

吉本恒幸（二〇二一）「特別支援教育における道徳教育」日本道徳教育学会全集編集委員会編著『新道徳教育全集　第４巻』学文社。

日本ユネスコ国内委員会（二〇一八）『ユネスコスクールで目指すＳＤＧｓ 持続可能な開発のための教育』文部科学省。

日本ＳＴＥＭ 教育学会ホームページ（https: //www.j-stem.jp/）（二〇二一年八月一九日閲覧）

胸組虎胤（二〇一九）「ＳＴＥＭ教育とＳＴＥＡＭ教育――歴史，定義，学問分野統合――」『鳴門教育大学研究紀要』第34巻。

中央教育審議会（二〇一八）「特別支援教育を推進するための制度の在り方について（答申）」中央教育審議会。

文部科学省（二〇一七）『中学校学習指導要領（平成29年告示）』文部科学省。

文部科学省(二〇一九)「新学習指導要領の趣旨の実現とＳＴＥＡＭ教育について――『総合的な探究の時間』と『理数探究』を中心に――」(https://www.mext.go.jp/content/1421972_2.pdf)

文部科学省（二〇二一）「障害のある子供の教育支援の手引～子供たち一人一人の教育的ニーズを踏まえた学びの充実に向けて～」文部科学省。

第8章　子どもを取り巻く環境と認定こども園

1. 認定こども園の現状

(1) 子育て新時代の到来

厚生労働省の調査によると、二〇二二（令和四）年の国内の出生数は、七九万九〇〇〇人余りで、初めて八〇万人を下回り過去最少を更新した。早いペースで少子化が進んでおり、政府は現在の速度で若年人口が減少すると、少子化に歯止めが利かない状況になると予測している。また、少子化だけではなく、子どもの虐待や自殺、貧困などの問題が深刻さを増している。そのため現在、子育てにかかる経済的負担の軽減や安心して子育てができる環境を整備するための施策が推し進められている。その一環として、二〇二三（令和五）年、こども家庭庁は、「大人が中心になっていたこの国や社会のかたちを『こどもまんなか』へと変えていく司令塔」（内閣官房二〇二二）として創設された。同庁の組織は、内閣総理大臣直属の機関として内閣府の外局に設置され、こども政策担当大臣・こども家庭庁長官が置かれている。これまで子どもに関する政策は、文部科学省が幼稚園を、厚生労働省が保育所を、内閣府が認定こども園を管轄してきたが、縦割り行政の弊害を解消するために、保育所と認定こども園については、こども家庭庁へ移管された。

(2) 幼保一元化と認定こども園

近年、共働き家庭の増加によって、預かり時間が長い保育所に子どもを入所させたい保護者が増える一方で、希望の保育所に入所できない、子どもを預ける保育所が無いなど、いわゆる「待機児童問題」が挙げられる（表

表8－1　待機児童数（2023年4月時点）

	待機児童数	
	4月1日時点	増減数
2013(平成25)年	22,741人	▲2,084人
2014(平成26)年	21,371人	▲1,370人
2015(平成27)年	23,167人	1,796人
2016(平成28)年	23,553人	386人
2017(平成29)年	26,081人	2,528人
2018(平成30)年	19,895人	▲6,186人
2019(平成31)年	16,772人	▲3,123人
2020(令和２)年	12,439人	▲4,333人
2021(令和3)年	5,634人	▲6,805人
2022(令和4)年	2,944人	▲2,690人
2023(令和5)年	**2,680人**	**▲264人**

出典：こども家庭庁ホームページ「令和５年４月の待機児童数調査のポイント」（概要資料）

8－1）。さらに、日本の保育制度は、文部科学省が教育機関の機能をもつ幼稚園を所管、厚生労働省が児童福祉施設の機能をもつ保育所を所管する、二元行政が長らく続いてきた。そのため、幼稚園は3歳から5歳児を対象に1日4時間程度の教育を受ける教育施設として、保育所は両親の就労などで「保育に欠ける」乳幼児を対象に0歳から利用できる福祉施設としての役割を担ってきた。このような縦割り行政の弊害を解消するために、「幼保一元化（一体化）」を実現して、幼稚園と保育所の両機能を一体化した総合施設を創設する必要があった。

二〇〇六（平成一八）年一〇月、認定こども園制度の成立によって、「認定こども園」の運用が開始された。認定こども園は、「教育・保育を一体的に行う施設で、いわば幼稚園と保育所の両方の良さを併せ持っている施設」（こども家庭庁ホームページ）とされる。同庁のホームページによると、認定こども園の主な特徴は、①保護者の就労の有無にかかわらず施設の利用

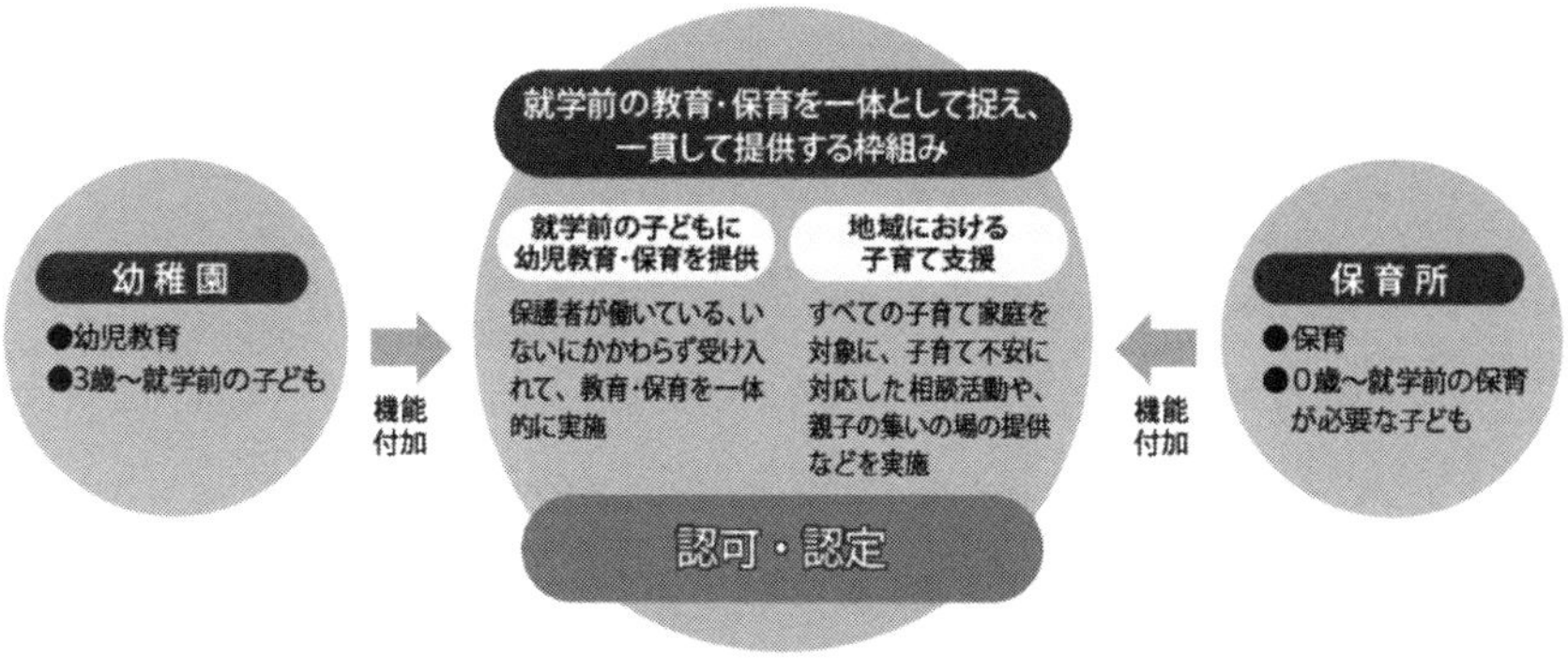

図８－１　認定こども園制度の仕組み

出典：内閣府ホームページ（https://www8.cao.go.jp/shoushi/kodomoen/gaiyou.html）

が可能。②集団活動・異年齢交流に大切なこども集団を保ち、すこやかな育ちを支援。③待機児童を解消するため、既存の幼稚園などを活用。④育児不安の大きい専業主婦家庭への支援を含む地域子育て支援が充実していることが挙げられる。また、主な役割として、①就学前の子どもに幼児教育・保育を提供する機能、②地域における子育て支援を行う機能の２つの機能を挙げることができる（図８－１）。

認定こども園は、就学前の教育・保育を一体として捉えた制度的枠組みがあることで、幼稚園の強みである教育面での指導が保育所でも可能となった。また、保育所の強みである養護や地域の子育て支援といった取り組みが幼稚園でも行えるなど、多様化する保育ニーズにも対応できるとされている。保育所や幼稚園では、子どもの預かり時間が長い保育所に入所させたい保護者が増える一方で、幼稚園の入園希望者は年々減少している。そのため、既存の幼稚園が認定こども園制度を用いることで、保育時間を延ばして入園者を増加させることもできるようになった。

（3）認定こども園の類型

認定こども園は、地域の実情や保護者のニーズに応じて選択が可能となるよう多様なタイプが存在する。保育所と幼稚園の機能を併せ持つ

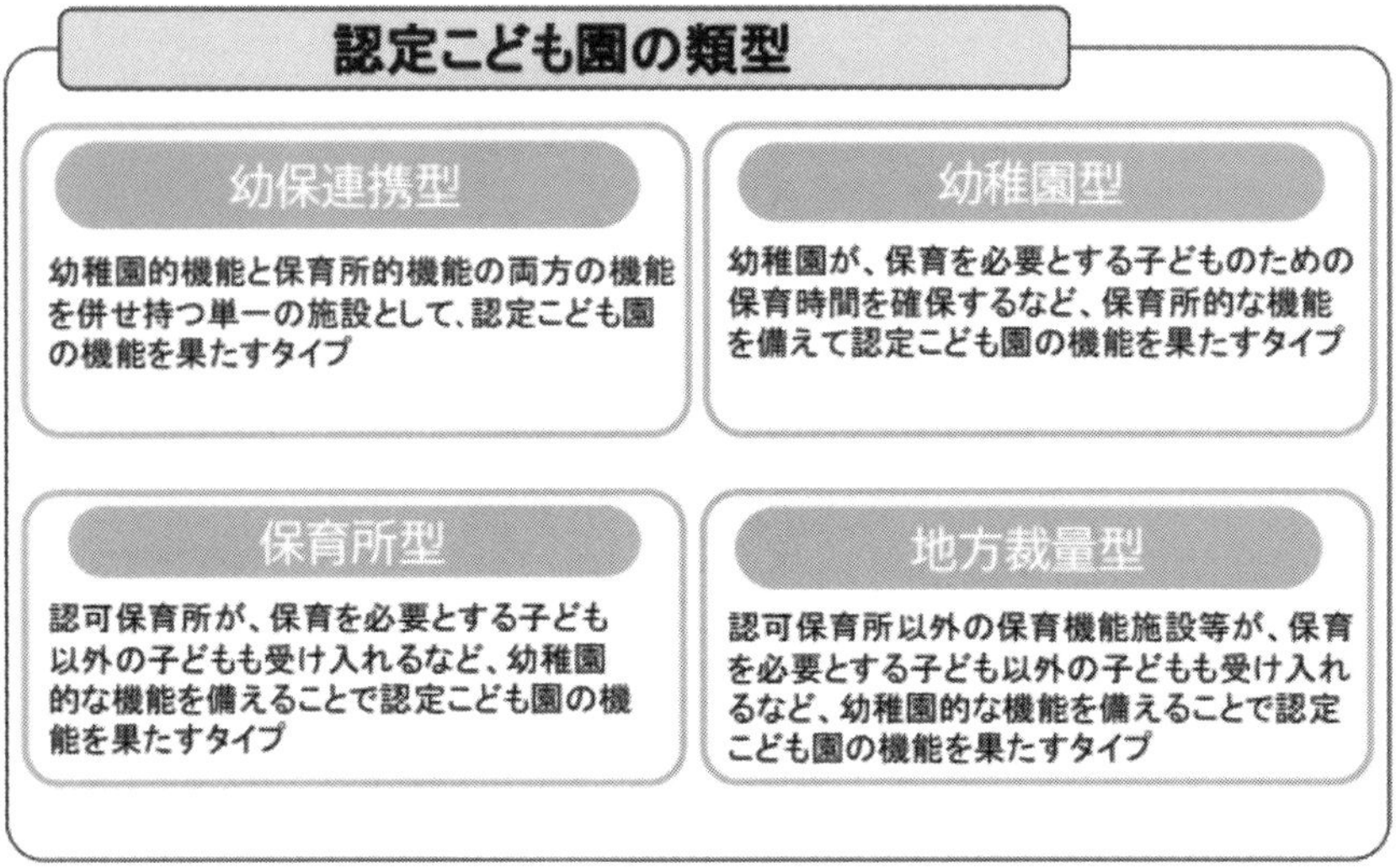
認定こども園の類型
幼保連携型
幼稚園的機能と保育所的機能の両方の機能を併せ持つ単一の施設として、認定こども園の機能を果たすタイプ
幼稚園型
幼稚園が、保育を必要とする子どものための保育時間を確保するなど、保育所的な機能を備えて認定こども園の機能を果たすタイプ
保育所型
認可保育所が、保育を必要とする子ども以外の子どもも受け入れるなど、幼稚園的な機能を備えることで認定こども園の機能を果たすタイプ
地方裁量型
認可保育所以外の保育機能施設等が、保育を必要とする子ども以外の子どもも受け入れるなど、幼稚園的な機能を備えることで認定こども園の機能を果たすタイプ

図８－２　認定こども園の類型

出典：内閣府子ども・子育て本部『すくすくジャパン！子ども・子育て支援新制度について』内閣府、2019年、26頁。

「幼保連携型」、幼稚園が保育所的機能をもつ「幼稚園型」、保育所が幼稚園的機能をもつ「保育所型」、自治体が独自に認定する「地方裁量型」という４つの類型がある（図８－２）。二〇二二（令和四）年四月の現在で、認定こども園の施設数は合計で９，２２０園まで増えている（表８－２）。

表８－２　認定こども園数の推移（各年４月１日時点）

年度	平成31年	令和２年	令和３年	令和４年
認定こども園数	７，２０８	８，０１６	８，５８５	９，２２０

出典：内閣府ホームページ「認定こども園に関する状況について（令和四年四月一日現在）」

2. 幼保連携型認定こども園について

(1) 幼保連携型認定こども園の目的

二〇一五（平成二七）年に待機児童解消のために制度設計された「幼保連携型認定こども園」では、多様な保育ニーズに応えながら「保育の質」の向上を図っていくとともに、幼稚園教諭と保育士の両方の免許をもつ「保育教諭」が配置されるなど、少しずつ幼保一体化の取り組みが進められている。認定こども園の目的や目標については、「認定こども園法」（正式名称は「就学前の子どもに関する教育、保育等の総合的な提供の推進に関する法律」）に定められているので、その具体的な内容を見ておきたい。認定こども園法の第2条第7項では、次のように幼保連携型認定こども園の目的が示されている（表8－3）。幼保連携型認定こども園には、①満3歳以上の子どもに対する教育並びに保育を必要とする子どもに対する保育を一体的に行うこと、②保護者に対する子育て支援を行うこと、という大きく2つの目的がある。

表8－3　幼保連携型認定こども園の目的

この法律において「幼保連携型認定こども園」とは、義務教育及びその後の教育の基礎を培うものとしての満3歳以上の子どもに対する教育並びに保育を必要とする子どもに対する保育を一体的に行い、これらの子どもの健やかな成長が図られるよう適当な環境を与えて、その心身の発達を助長するとともに、保護者に対する子育ての支援を行うことを目的として、この法律の定めるところにより設置される施設をいう。

出典：法令リード

（2）幼保連携型認定こども園における教育及び保育の目標

幼保連携型認定こども園は、認定こども園法第9条に規定する教育及び保育の目標を達成するよう努めなければならない。教育及び保育の目標には、「子どもに対する学校としての教育及び児童福祉施設としての保育並びにその実施する保護者に対する子育て支援事業の相互の有機的な連携を図ること」とあり、次の1～6までの具体的目標が掲げられている（表8－4）。

表8－4　教育及び保育の目標

1　健康、安全で幸福な生活のために必要な基本的な習慣を養い、身体諸機能の調和的発達を図ること。
2　集団生活を通じて、喜んでこれに参加する態度を養うとともに家族や身近な人への信頼感を深め、自主、自律及び協同の精神並びに規範意識の芽生えを養うこと。
3　身近な社会生活、生命及び自然に対する興味を養い、それらに対する正しい理解と態度及び思考力の芽生えを養うこと。
4　日常の会話や、絵本、童話等に親しむことを通じて、言葉の使い方を正しく導くとともに、相手の話を理解しようとする態度を養うこと。
5　音楽、身体による表現、造形等に親しむことを通じて、豊かな感性と表現力の芽生えを養うこと。
6　快適な生活環境の実現及び子どもと保育教諭その他の職員との信頼関係の構築を通じて、心身の健康の確保及び増進を図ること。

出典：法令リード

幼保連携型認定こども園における教育及び保育の目標をみると、1～5までの目標は幼稚園や保育所の5領域の目標であり、6は養護に関わる目標である。すなわち、幼保連携型認定こども園の目標は、幼稚園と保育所の目標を統合した内容になっている。

幼保連携型認定こども園の教育及び保育は、保育教諭があらかじめ立てた目的に沿って教えるのではなく、園児自らがそれぞれの興味や関心に応じて、遊びや生活といった直接的な体験を通じて園児なりのやり方で学んでいけるようにしなければならない。このような体験を通じて、園児は学ぶことの楽しさを知り、積極的に物事に関わろうとする気持ちを持つようになる。乳幼児期に自ら関わろうとする気持ちを育むことは、小学校以降の学習意欲へとつながり、さらには、社会に出てからも物事に主体的に取り組み、自ら考え、様々な問題に積極的に対応し、解決する基礎を養う上で重要となる。

（3）幼保連携型認定こども園における教育及び保育の基本

幼保連携型認定こども園教育・保育要領（以下、教育・保育要領と省略）第1章の第1の1に示す「幼保連携型認定こども園における教育及び保育の基本」においては、幼保連携型認定こども園で展開される生活や指導の在り方が示されている。特に重視しなければならない事項としては、①安心感と信頼感をもっていろいろな活動に取り組む体験を十分に積み重ねられるようにすること、②乳幼児期にふさわしい生活が展開されるようにすること、③遊びを通しての総合的な指導が行われるようにすること、④園児一人ひとりの特性や発達の過程に応じた指導が行われるようにすることの4点が挙げられる。幼保連携型認定こども園では、これらの事項を重視して教育及び保育を行わなければならない。その際、保育教諭は各園児の行動の理解と予想に基づき、計画的に環境を構成すべきことや、園児の活動の場面に応じて様々な役割を果たすことが求められている。

3. 幼保連携型認定こども園における子育ての支援

(1) 子育ての支援の取組と支援全般に関わる事項

保護者に対する子育ての支援は、保護者や子どもの状況を踏まえて、保護者と子どもとの安定した関係や保護者の養育力の向上に寄与するために行われるとともに、子どもと保護者との関係、保護者同士の関係、地域と子どもや保護者との関係を把握し、それらの関係性を高めることが大切である。子育ての支援全般に関わる事項については、①保護者の自己決定の尊重、②幼保連携型認定こども園の特性を生かした支援、③子育ての支援における体制構築、④プライバシーの保護及び秘密保持についての4項目が挙げられている（表8－5）。

表8－5　子育ての支援全般に関わる事項

子育ての支援全般に関わる事項	事項の具体的な内容
①保護者の自己決定の尊重	保護者に対する子育ての支援を行う際には、各地域や家庭の実態等を踏まえるとともに、保護者の気持ちを受け止め、相互の信頼関係を基本に、保護者の自己決定を

	尊重すること。
②幼保連携型認定こども園の特性を生かした支援	教育及び保育並びに子育ての支援に関する知識や技術など、保育教諭等の専門性や、園児が常に存在する環境など、幼保連携型認定こども園の特性を生かし、保護者が子どもの成長に気付き子育ての喜びを感じられるように努めること。
③子育ての支援における体制構築	保護者に対する子育ての支援における地域の関係機関等との連携及び協働を図り、園全体の体制構築に努めること。
④プライバシーの保護及び秘密保持	子どもの利益に反しない限りにおいて、保護者や子どものプライバシーを保護し、知り得た事柄の秘密を保持すること。

出典：内閣府・文部科学省・厚生労働省「幼保連携型認定こども園教育・保育要領解説」、二〇一八年、３４４―３４７頁。

(2) 地域における子育て家庭の保護者等に対する支援

認定こども園法第2条には、子育て支援事業の内容が示されている。認定こども園では、地域の子育て支援の実施が義務化されている。例えば、一時預かり事業は教育時間の前後又は、長期休業日等に、一時的に保護を行うものである。満3歳以上の園児の保護者が、日常生活上の突発的な事情や社会参加などにより、一時的に家庭での保育が困難となる場合に利用できる。また、核家族化の進行や地域のつながりの希薄化などにより、育児疲れによる保護者の心理的・身体的負担を軽減するための支援として園児を一時的に預かることで、安心して子育てができる環境を整備し、必要な保護を行うものとされている。

引用参考文献

秋田喜代美編（二〇一五）『よくわかる幼保連携型認定こども園教育・保育要領徹底ガイド』チャイルド本社。

岡田耕一編著（二〇一九）『保育原理――子どもの保育の基本原理の理解』萌文書林。

小田豊（二〇一四）『幼保一体化の変遷』北大路書房。

近藤幹生（二〇一八）『保育の自由』岩波新書。

汐見稔幸、松本園子、髙田文子、矢治夕起、森川敬子（二〇一七）『日本の保育の歴史――子ども観と保育の歴史１５０年』萌文書林。

民秋言編集代表（二〇一七）『幼稚園教育要領・保育所保育指針・幼保連携型認定こども園教育・保育要領の成立と変遷』萌文書林。

内閣府・文部科学省・厚生労働省（二〇一八）「幼保連携型認定こども園教育・保育要領解説」。

内閣府子ども・子育て本部（二〇一八）「子ども・子育て支援新制度について」内閣府。

中山昌樹（二〇一五）『認定こども園がわかる本』風鳴舎。

無藤隆・北野幸子・矢藤誠慈郎（二〇一五）『認定こども園の時代』ひかりのくに。

第9章　西洋の教育思想と歴史

1. 近代教育思想の黎明

(1) ペスタロッチ

前近代は「大人」と「子ども」の境界は曖昧であり、肉体・精神的に未発達な子どもでさえも労働力として認識された。すなわち、子どもは「小さな大人」と考えられていた（アリエス一九八六）。しかし、近代に登場した教育家であるペスタロッチやフレーベルは、「子ども」を単に大人に従属した存在としてではなく、子どもを固有の価値ある存在として捉え直した。ここでは、なぜ彼らが近代教育思想の巨人と評されているのか、その事績を振り返っておきたい。

図9－1　ペスタロッチ
出典：下田次郎『西洋教育家肖像』金港堂、1906年。

スイスのチューリヒで生まれたペスタロッチ（Johann Heinrich Pestalozzi, 1746-1827）（図9－1）は、社会の混乱によって生じた貧民や孤児たちを救済するために、その生涯を捧げた教育実践家である。5歳の頃に医師であった父親を亡くし苦しい生活を過ごすが、成長するにしたがい、貧困に苦しみ労働を強いられている子どもたちを救済したいとの思いを強くする。

一七七一年、ペスタロッチはアールガウ州ビル

図9−2　シュタンツでのペスタロッチ
出典：小西重直『新日本建設とペスタロッチ』西荻書店、1947年。

村に土地を購入して妻のアンナとともに移り住み、農場経営に着手する。そこを「ノイホーフ」（「新しい農場」の意味）と名づけ、貧農の子弟の教育に従事したが、経営が困難となり破綻している。その後、同じ場所で貧児や孤児を集めて、家庭的な雰囲気のなかで労働を通して生活技術を身につけさせ、実際的な知識や技能を授けている。ここでの教育活動は、産業化していく社会で子どもたちが自立して生活していくことを目的としたものであった。しかし再び、一七八〇年には経営難に陥り、教育活動の中断を余儀なくされている。

ペスタロッチは失意のときを過ごしながらも、ノイホーフでの教育実践をまとめた『隠者の夕暮』（一七八〇年）を著した。同書の冒頭では、「玉座の上にあっても、木の葉の屋根の陰にあっても同じ人間、その本質における人間、その人間は何であろうか」と問うている。冒頭の問いかけには、富める者も貧しい者も人間の本質は平等であり、恵まれない境遇にある貧児や孤児に対する教育が大切であるという、ペスタロッチの教育思想が見て取れる。また、家庭教育や学校教育についてまとめた『リーンハルトとゲルトルート』（一七八一―一七八七年）を著した。

一七九八年頃からスイスでは、フランス革命の影響によって多数の孤児が発生した。そこで政府はシュタンツに孤児院を設け、ペスタロッチに同院での教育を任せている。彼はシュタンツの孤児院において、孤児たちと生活を共にして深い教育愛をもって接した（図9―2）。翌年には孤児院での教育実践を描いた『シュタンツ便り』（一七九九年）を著している。わずか半年で孤児院はフランス軍に野戦病院として接収され、閉鎖されているが、ペスタロッチの教育思想と実践に大きな影響を与えた。

（2）メトーデの成立

一八〇〇年、ペスタロッチはスイスのブルクドルフ城内の学校で教育活動に専念する。ここでは、子どもの「直観」（Anschauung）によって、自然や事物を正しく認識する「メトーデ」（Methode）と呼ばれる新しい教育方法が展開された。メトーデとは、子どもの成長に合わせて知識や技能を単純化し、感覚的直観から一定の順序に従って知識や技能を配列し教える教授方法のことである。ペスタロッチによると、子どもは直観の三要素である「数・形・語」（直観のＡＢＣ）を通じて、「対象の形を知り、数を知り、それを言語で表現すること」（リートケ一九八五：２６３）が可能となるとしている。メトーデを体系化した『ゲルトルート児童教育法』（一八〇一年）を著したことで、彼の名声は欧州中に知れ渡り、この新しい教育方法を多くの人々が学ぶようになった。

ブルクドルフ城内の学校の移転により、一八〇四年にペスタロッチはイヴェルドンにおいて「イヴェルドン学園」を創設し、欧州中から生徒たちが集まった。さらに、メトーデの実際を学ぼうとする多くの学徒たちが学園を参観している。後に幼稚園の創始者とされるフレーベルもその1人である。しかし、学園の繁栄も教師たちの軋轢や抗争によって閉鎖へ追い込まれている。閉鎖後、人間と教育の探究に尽くした思想的歩みを総括的にまとめた『白鳥の歌』(一八二六年)を著して、翌一八二七年、ペスタロッチは貧民や孤児を救済するために生涯を捧げ一生を終えた。今日、私たちは「子どもと貧困」の問題に真っ正面から取り組んだペスタロッチに多くのことを学ばなければならない。

2. 幼稚園の創始者

(1) フレーベル

ドイツ中部のチューリンゲン地方で生まれたフレーベル (Friedrich Wilhelm August Fröbel, 1782-1852) (図9-3) は、幼くして母を病で亡くしたことで、継母から愛情を注がれることなく幼少期を過ごした。10歳のときには、叔父のもとに引き取られ、幸福な生活を送ったとされている。その後、イエナ大学に入学してからは、数学・幾何学・物理学などを学んだが、大学の授業料を払うことができずに退学している。生計を立てるために仕事を転々としていたフレーベルであったが、友人の紹介で師範学校 (教員を養成する学校) を訪れ、教職を天職と自覚するようになり、教師への道を歩み始める。教師となったフレーベルは、イヴェルドンのペスタロッチのもとに赴き2年間に渡って教授法を学んでおり、大きな影響を受けている。

一八一六年、フレーベルは「一般ドイツ学園」（「カイルハウ学園」とも呼ばれる）を創設し、観察や野外活動、農作業などを重視した労作教育を行った。学園では7歳から18歳までの生徒が在籍し、観察や野外活動、農作業など労作が重視され、労働と学習を結合させた教育活動が行われた。しかし、自由な校風であった学園は、プロイセン政府によって嫌疑をかけられ、保守派からの妨害を受けたことで、次第に生徒数を減らし閉鎖された。学園での取り組みをまとめたフレーベルの主著『人間の教育』（一八二六年）では、子どもは絶えず成長・変化し生命に満ち、創造的に活動できることから、教師が一方的に知識を授けるのではなく、子どもの内にある「神性」を導き出すことが重要であると記されている。

一八四〇年、フレーベルは子どもの可能性を引き出す適切な環境が必要であると考え、世界初の幼稚園「キンダーガルテン」（Kindergarten）を創設し、これはドイツ国内で普及した。ところが、政府が自由な思想を危険視して「幼稚園禁止令」を出したことで、やむなく閉鎖されている。

図9－3　フレーベル
出典：下田次郎『西洋教育家肖像』金港堂、1906年。

現在、幼稚園で見られる遊戯、園内の畑や花壇とそこでの栽培活動、のりとハサミを用いた紙細工、積み木の組み立てなどは、その起源をたどればキンダーガルテンに行き着くとされている。フレーベルの教育思想は、今日の幼稚園教育の基礎になっているとも言えよう。

図9－4　第2恩物
出典：関信三『幼稚園法二十遊嬉』青山堂、1879年。

(2) 恩物による教育

キンダーガルテンでの教育においては、フレーベルによって開発された「恩物」(Ｇａｂｅ)と呼ばれる教具が用いられた。恩物とは「神からの贈物」を意味し、乳幼児の活動衝動を引き出すことがねらいとされた。その形態は丸・三角・四角の基本的な形から構成され、第1恩物から第20恩物まで存在する。

第1恩物は、子どもの手で握るのに適当な大きさで作られた6色(赤、橙、黄、青、緑、紫)の毛糸製ボールが木箱に収められており、ボールを握らせることで、子どもの活動衝動(引っ張る、握るなどの要求)を引き出す。第2恩物は、木製の立方体、球、円柱からなり、これらを糸で吊るし、回転させることで現れる形を子どもが認識できるように工夫が凝らされている(図9－4)。第3恩物は小さな立方体の積み木で、子どもが創造力を働かせて、様々な形を考え出すことができる。

3. 児童中心主義の潮流

(1) エレン・ケイ

スウェーデン南部で生まれたエレン・ケイ（Ellen Karolina Sofia Key, 1849-1926）（図9−5）は、子どもへの体罰が当然とされていた当時の社会状況に対して改革を訴えた教育者であった。少女時代のエレンは、両親と弟妹との幸福な生活を過ごしたとされる。彼女は学校に通うことはなく、家庭教師からドイツ語やフランス語を学んでいる。また、自宅においては父の蔵書を自由に読むことが許されており、読書と思索に耽る日々を過ごした。

図9−5　エレン・ケイ

出典：エレン・ケイ著、大村仁太郎 解『二十世紀は児童の世界』同文館、1913年。

22歳の頃にエレンは、政治家となった父と一緒に首都ストックホルムへ移住し、父の秘書として活動するかたわら、サロンや講演会に参加し、多くの政治家、婦人運動家と交流を図っている。また、父に従いヨーロッパ諸国を歴訪したことで、大いに見聞を広めている。しかし、30歳の頃に父の農業経営が破綻したことで一家離散となり、エレンは自活するために友人の創設した私立女学校で、20年にわたり教師を勤めている。教師としての彼女は、教科書の内容を詰め込むような授業を行わず、さらに生徒を厳しい規律で律することはしなかったとされる（松崎一九八二）。

50歳となったエレンは、長年勤めた女学校を退職して文筆活動に専念する。一九〇〇年、彼女は『児童の世紀』を刊行して世界中にその名をとどろかせた。同書は2年後にドイツで訳本が刊行されると熱狂的に受容され、ドイツの新教育運動に大きな影響を与えた。さらに、デンマーク、オランダ、ポーランド、ロシア、ハンガリー、英語、フランスなど9ヵ国語で翻訳されている。日本でも明治末から大正期のデモクラシーの風潮が盛り上がりを見せる真っ只中に翻訳出版が行われ、大正新教育運動や女性解放運動などに大きな影響を与えた。

(2) 児童の世紀

当時のスウェーデンは、産業革命による工業化が過酷な児童労働を生み出し、学校・家庭教育においては体罰が横行していた。このような社会状況のなかで、エレンは20世紀の幕開けを目前にした一九〇〇年に『児童の世紀』を出版し、「20世紀は児童の世紀である」と高らかに宣言した。同書によると、体罰について「おびただしい数の子どもが、体罰に対する恐怖から、または体罰の後で自殺している」（エレン一九〇〇＝一九七九：162）、「最も望ましいのは、子どもが生れたときから、親は打擲《ちょうちゃく》（体罰―引用者注）を教育手段として決して使うまいと固く決心することである。なぜなら、親たちがこの便利な手段を一度使いはじめると、その後は前の決心に反してしばしば使うことになる。」（エレン一九〇〇＝一九七九：163―164）、「家庭および学校で、子どもに笞刑《ちけい》（ムチで殴打する刑罰―引用者注）を加えるのを法律で禁止して、事実上あらゆる打擲教育の跡を絶たせることに勝るものはない。」（エレン一九〇〇＝一九七九：166）と述べている。

世界で最も早くに体罰全面禁止法を導入したスウェーデンでは、一九七九年に「子どもへの体罰と屈辱的な取扱いの禁止」を盛り込んだ親子法改正案を可決した。約1世紀を経て現在各国で体罰を全面的に禁止する法律が整備されつつあり、エレンが法律をもって体罰を禁止すべきであるとの主張は、現実のものとなりつつある。近年、日本でも相次ぐ児童虐待事件を受け、親が子どもを戒める民法の「懲戒権」(親が子どもに対してしつけなどを行う権限のこと)が見直されている。また、二〇二〇(令和二)年四月に施行された児童虐待防止法改正案では、「児童のしつけに際して体罰を加えてはならない」と明記された。

エレンの時代を先取りする独自の着想や重要な観点を含む提言は、同書の出版から100年以上もの歳月を経ても、今もなおその輝きは色あせることなく、今日の教育のあり方を考える重要な指針となり得る。

(3) 優生思想の落とし穴

『児童の世紀』で、エレンが体罰に依らない教育を主張したことは、今日的観点から重要であると述べた。一方で、彼女の教育思想は、当時支配的であったダーウィンの進化論やスペンサーの社会進化論、ゴールトンの「優生学」(eugenics)などの影響を受けていたことにも注目しておかねばならない。優生学の定義は研究者によって異なるが、「人類の遺伝的素質を改善することを目的とし、悪質の遺伝形質を淘汰し、優良なものを保存することを研究する『学問』」とされる(横山二〇一五:2)。なお、優生学は二〇世紀初頭においては「最先端の科学」とされていたが、現在では「疑似科学」と考えられている(小野二〇一五:177)。

同書の「第一章　こどもの親を選ぶ権利」においては、「犯罪タイプ――その特性を認定することのできるのは科学者だけである――の遺伝を妨げ、その特性が一切子孫に継承されないように処理することが必要である。」(エレン一九〇〇=一九七九:39)、「精神的および肉体的疾患、または病的素質および欠陥の点については、社会の介入が必要である。（中略）法律が、結婚に入る前の義務的条件として医師の証明書――結婚当事者双方の健康に関する完全な検査表を添付する――の提示を要求しているのはその一つである。当事者双方は、常に選択の自由はもたなければならないが、少なくともいまのように無知のまま、自分と子どもが重大な結果を見るような結婚には入るべきではない。」（エレン一九〇〇＝一九七九：50）と主張している。

エレンの教育思想からは、女性（母性）にとって健康優良児を生み育てることが最も重要であり、そのためには劣性な遺伝を排除することを厭わない優生思想が読み取れる。時代的制約を理由に彼女を断罪することは容易であるが、リベラルな思想家であったはずのエレンが、なぜ偏見や差別を助長しかねない優生思想にいとも簡単に絡め取られてしまったのだろうか。

現在、ヘイトスピーチに象徴される排外主義的な傾向、マイノリティーに向けられる差別的な視線や発言、弱者に対する精神的・身体的暴力など、より痛ましくさらに深刻な事態に直面していると感じるが、我々はエレンと同じ過ちを決して繰り返さないと言い切ることが出来るのだろうか。

（4）モンテッソーリ

イタリアで生まれたモンテッソーリ（Maria Montessori, 1870-1952）（図9－6）は、ローマ大学医学部へ入学し、イタリア初の女性医学博士となった。卒業後は、ローマ大学附属病院の精神科助手に着任し、精神発達障がいの子どもの治療や教育に携わったことを契機として、教育学研究に関心が向けられるようになる。彼女は、教育の根本原理が子どもの「自由」にあると考え、教師の役割を子どもの自発的な発達を援助することと、そのための環境を整備することにあると捉えていた。モンテッソーリの教育観は、医師の経験と教育実践の観察に基づくも

図9－6　モンテッソーリ
出典：吉田熊次『現代教育学説選集』文教書院、1925年。

のであり、児童研究の重要性を説いていることに特徴がある。

モンテッソーリ教育は、実際生活の練習、筋肉教育、感覚教育、知的教育などを重視し、教具が最も中心的な役割を占めている。一九〇七年、衛生や住宅事情が劣悪となっていたサン・ロレンツォ地区では都市計画により、アパートが改修された。そこに住む3歳から7歳の就学前の子どもたちを対象とした保育所施設「子どもの家」(Case dei Bambini) が創設され、モンテッソーリが世話を引き受けることになった（**図9－7**）。子どもの家での実践は、世界的に高い評価を受け、アメリカ、ヨーロッパ、インド、中国などに波及し、講演依頼もしばしばあった。明治末期の日本でもモンテッソーリ教育法が紹介されて、幼児教育の現場に大きな影響を与えている。

（5）モンテッソーリ教具

モンテッソーリは、幼児期に感覚がほぼ成人の水準にまで発達し、幼児期における感覚教育が後の知的発達を促進することに気が付いた。そこで、3歳から7歳頃の子どもは感覚を形成して発達するのに最適な時期であり、これを「敏感期」として重視した。

モンテッソーリ教具には、感覚教具（円柱差し、色板、幾何学図形のはめ込み板、ピンクタワーなど）、数教具、言

図9－7　子どもの家教室の様子

出典：河野清丸『モンテッソリー教育法真髄』北文館、1915年。

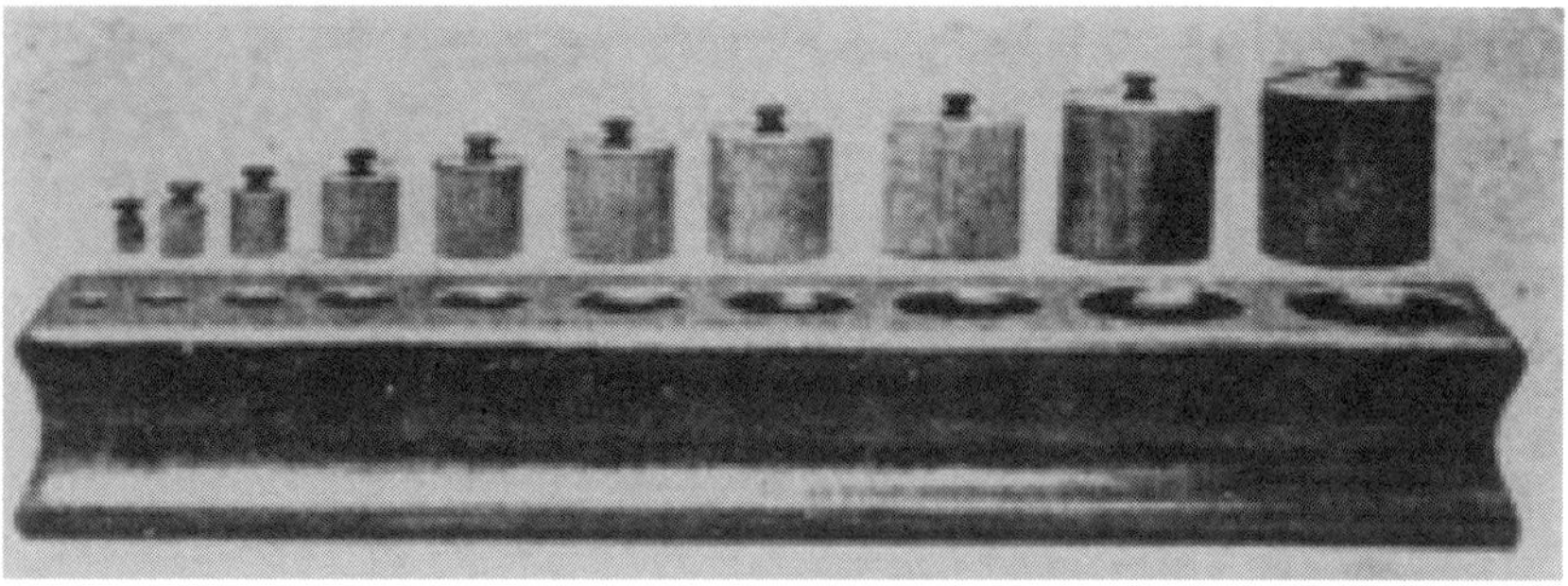

図9－8　円柱指し

出典：河野清丸『モンテッソリー教育法真髄』北文館、1915年。

語教具、日常生活教具がある（図9－8）。これらの教具は、子どもの五感（視覚・聴覚・味覚・嗅覚・触覚）を訓練し、個々の器官を洗練させるために用いられる。また、教師の直接的な指導ではなくモンテッソーリ教具の間接的な援助によって、子どもの「自発的活動」や「感覚教育」を重んじている。その際、教師は適切な環境を構成し、子どもの活動を乱すことのない様に観察者でなければならないとされている。

引用参考文献

エレン・ケイ著、小野寺信・小野寺百合子訳（一九七九）『児童の世紀』冨山房百科文庫。

乙訓稔（二〇〇五）『西洋近代幼児教育思想史――コメニウスからフレーベル』東信堂。

乙訓稔（二〇〇九）『西洋現代幼児教育思想史――デューイからコルチャック』東信堂。

小野直子（二〇一五）「近代科学の台頭と人間の分類――二〇世紀転換期アメリカにおける『精神薄弱者問題』――」『富山大学人文学部紀要』第六二号。

鈴木和正「エレン・ケイ著『児童の世紀』を読み解く――今日的意義とその後の課題をめぐって」子どもの文化研究所『子どもの文化』第五一巻第七号。

日本ペスタロッチー・フレーベル学会編（二〇〇六）『増補改訂版　ペスタロッチー・フレーベル事典』玉川大学出版部。

フィリップ・アリエス著、杉山光信・杉山恵美子訳（一九八六）『〈子供〉の誕生――アンシァン・レジーム期の子供と家族生活』みすず書房。

藤井千春（二〇一六）『時代背景から読み解く西洋教育思想』ミネルヴァ書房。

眞壁宏幹（二〇一六）『西洋教育思想史』慶應義塾大学出版会。

松崎巖（一九八二）「ケイ――『子どもの世紀』を開いた女流思想家――」『現代に生きる教育思想』第7巻、ぎょうせい。

横山尊（二〇一五）『日本が優生社会になるまで　科学啓蒙、メディア、生殖の政治』勁草書房。

リートケ著、長尾十三二・福田弘訳（一九八五）『ペスタロッチ』理想社。

第10章　20世紀における新教育運動の展開

1. ヨーロッパの新教育運動

(1) 新教育運動と新学校の誕生

19世紀末、欧米諸国は帝国主義政策のもと、資源や労働力、市場の確保を目的として、アフリカやアジアの植民地支配を推し進めていった。世界最大の植民地帝国となったイギリスは、「世界の工場」として優越的な地位を確保したが、自国を牽引するエリートの養成を行う必要に迫られている。当時、エリートの養成は、伝統的な私立の中等教育機関であるパブリック・スクール（public school）が担っていた。パブリック・スクールの起源は、ラテン語やギリシア語を教える中世の文法学校（グラマー・スクール）にまで遡ることができるが、19世紀に入ってもパブリック・スクールでは、相変わらず古典的な教養教育・カリキュラムに固執していた。

知識人や為政者らは、「新しい時代に合った近代的な教育内容や活動的な教育方法への転換」（山﨑二〇二一：6）を図ろうとする。新しい時代を担うエリートの養成には、旧態依然とした教育のあり方を根底から変革する必要があった。時代の要請を受け19世紀末には、イギリスを先駆として、世界各地で「新教育運動」（New Education）が展開された。新教育運動は、教師中心の画一的な指導を改めて、児童中心主義的な理論と実践をもたらした。このような運動の影響を受けた学校のことを「新学校」（New school）という。新学校は、「教育の自由」や「個性の尊重」などを掲げて、これまでの伝統的な学校教育の改革を試みている（中野一九九七：6）。以下では、欧米においてどのような新学校が誕生し、新しい教育が展開されたのかを概観する。

（2）中等教育改革とアボッツホーム校

イギリスの新教育運動は、大別すると「パブリック・スクールなどの中等教育改革に取り組んだ潮流」と「幼児・基礎教育段階の教育改革に取り組んだ潮流」の２つの流れがあるとされる（山﨑二〇二二：３）。ここでは、前者の教育改革に取り組んだ新学校であるアボッツホーム校を中心に見ておきたい。

セシル・レディ（Cecil Reddie, 1858-1932）は、伝統的な紳士教育の場であったパブリック・スクールを批判し、一八八九年にダービシャーに中等教育の新学校であるアボッツホーム校を創設した（**図10－1**）。同校では、裕福な家庭の子弟である11歳から18歳までの男子１００名を収容し、国際社会に雄飛する活動的な人材を育てる教育が行われた。喧騒な都市を離れた土地に校舎が建設され、敷地内には丘陵や森林、牧場、小川など自然豊かな環境が用意されている。

寄宿制を導入した同校は、生徒同士が家庭的な共同生活を行い、また教師も生徒と同じ生活を過ごすなかで、教育的な感化を与えている。**表10－1**に示したように、厳格な時間管理のもとで、教育活動が行われている。外国語教育では、パブリック・スクールのように文法を中心とした指導ではなく、「聴く」「話す」などの実用的な能力が重視された。また、自然科学にウエイトが置かれ、作業や手工、芸術活動も取り入れられている。さらに、バイオリンなどの楽器演奏、冷水摩擦やランニングなどの体練を通して、情操教育が行われた。アボッツホーム校での先進的な取り組みは、イギリス国内だけでなく、ドイツやフランスなどにも普及している。

（3）田園教育舎系新学校

バドレー（J.H.Badley, 1865-1967）は、アボッツホーム校の教師や副校長を勤めたが、校長であるレディとの意

図10－1　アボッツホーム校の校舎

出典：吉田惟孝『英国の新しい学校』イデア書院、1928年。

表10－1　アボッツホーム校の日課

開始時刻	活動内容	開始時刻	活動内容
6.10am	起床（冬6.30-7.00）	1.00pm	ディナー（Dinner）
6.30	体練（Drill,Military Drill,Musical Drill, Dumb Bells, or Run）	1.30	オルガンかピアノの演奏会
6.45	第1限（冬:7.15:体練かクロス・カントリー走）	2.00	競技、ガーデニング、ワークショップ、徒歩か自転車で自然観察など
7.30	チャペル	6.00	お茶、その後バイオリン練習
7.40	朝食、その後ベッドメーキングと歯磨き、バイオリン練習	6.30	歌唱、レシテーション、音楽など
8.30	第2限授業	8.30	サパーとチャペル（Supper&Chapel）
10.15	昼食のための休憩（晴れていれば戸外にて）	8.50	就寝
10.30	第3限授業	9.00	消灯
12.15pm	入浴（Bathing）		

出典：山﨑洋子「イギリス新教育運動における『国際化』と『郷土』」研究代表者渡邊隆信『新教育運動における「国際化」の進展と「郷土」形成論の相克に関する比較史的研究』科学研究費研究成果報告書、2020年、10頁より転載した。

見対立から袂を分かち、一八九二年にイングランドのイースト・ハンプシャーにビデーズル校を創設している。同校では、初等・中等段階の子どもを入学させ、さらに男女共学制を採用したことに、アボッツホーム校との違いが見られる。世間ではアボッツホーム校の姉妹校とみなされたが、より自由で民主的であることから、むしろビデーズル校の方に人気が集まることになった。

ヘルマン・リーツ（Hermann Lietz, 1868-1919）は、寄宿制を導入するアボッツホーム校に興味を持ち、同校の助手として勤務する。ドイツに帰国してからは、一八九八年にハルツ山地のイルゼンブルクにアボッツホーム校を範とした新学校を創設している。後にハウビンダやビーバーシュタインにも姉妹校が誕生した。これらの学校は「田園教育舎」と呼ばれて、ドイツ新教育運動の拠点校となった。同校では包括的な人格教育が目指され、豊かな自然環境のなかで教師と生徒が生活を共にする寄宿制が採られた。生活の単位には、教師と生徒からなる10～12名の生活共同体が形成された。1日の活動は、午前中の知的学習、午後の身体活動や芸術活動、夕食後の祈りや講話などの情操教育が日課とされた。リーツは道徳的頽廃と喧騒に満ちた都市部ではなく、生産的で活力に満ちた「田園」を教育に適した場所と捉えた。そのことは「田園教育舎」という校名からうかがい知ることができる。

ドモラン（Joseph-Edmond Demolins, 1852-1907）は、アボッツホーム校とビデーズル校から範をとって、一八九九年にフランスのノルマンディー地方にロッシュ校を創設する。彼はレディとバドレーに心酔し、息子をビデーズル校に入学させている。ロッシュ校においては寄宿制の導入、スポーツを奨励した。さらに、古典語の時間を削減することによって、その時間を自然科学、現代外国語などに充てた。ドモランは伝統的な中等教育が試験準備のための「詰め込み勉強」でしかないと批判し、新しいカリキュラムを実施した。当時の上層支配階級である陸海軍の将校・士官、大実業家、大地主、貴族などは、この教育方針を支持していた。

2. 進歩主義教育とジョン・デューイ

(1) アメリカの進歩主義教育運動

20世紀初頭のアメリカは、鉄鋼業や自動車産業、石油産業などの発展によって、経済、物質的な繁栄を遂げる一方で、都市には農村からの居住者や国外からの移民が流れこみ、人口増加の一途を辿っていた。それゆえに、犯罪が増加し、疫病はスラム街への広がりをみせ、都市化・産業化に伴う共同体の崩壊は避けられなくなっていた。学校には民主的施設としての役割が求められたにも関わらず、ニューヨークやシカゴをはじめとする都市部の公立学校では、旧態依然とした一斉教授が行われていた。

変化しつつある時代に能動的に適応できる人材の養成が課題となり、そのためには、教師が子どもに一方的に知識を伝達する画一的な教育方法から脱却し、子どもの興味や関心を中心に据えた教育へと転換を図る必要性に迫られた。そこで、アメリカでは社会問題の解決に寄与できる市民の育成を目的とした「進歩主義教育運動」(Progressive Education Movement) が展開された。

(2) ジョン・デューイ

ジョン・デューイ (John Dewey, 1859-1952) (図10-2) は、アメリカを代表する哲学者・教育思想家で、進歩主義教育運動を牽引した人物である。アメリカのバーモント州バーリントンで生まれ、地元で少年期から大学時代を過ごしている。デューイは、「内向的な性格」で現場の教師に適さなかったことから、大学の恩師より「個人的指導を受けて哲学の研鑽に励んだ」とされる（森田二〇一七：561）。その後、ミシガン大学やミネソタ大学で教鞭をとり、一八九四年、シカゴ大学の哲学・心理学科の主任教授として赴任している。一八九六年にシカゴ大学実験学校（「デューイ・スクール」とも呼ばれる）を創設し、伝統的なアメリカ教育を革新しようと試みた。彼は同校での三年間にわたる教育実践の成果をまとめ『学校と社会』（一八九九年）を刊行している。同書においては、「いまやわれわれの教育に到来しつつある変革は、重力の中心の移動である。それはコペルニクスによって天体の中心が地球から太陽に移されたときと同様の変革であり革命である。このたびは子どもが太陽となり、その周囲を教育の諸々のいとなみが回転する。子どもが中心であり、この中心のまわりに諸々のいとなみが組織される」（デューイ一八九九＝二〇〇五：49―50）と説いている。このようにデューイは、教育活動の重力の中心を「教師や教科書」から「子ども」に移動させる「教育上のコペルニクス的転回」を唱えた。つまり、教師や教科書を中心とする教育から、子どもの生活や興味を中心とする教育へと、その重力の中心を移さなければならないと主張した。また、「生活を通し、生活との関連において学ぶ」「なすことによって学ぶ」（learning by doing）という言葉は、彼の名とともに広く知られている。

図10－2　ジョン・デューイ

出典：山田英世『J・デューイ』清水書院、1966年、口絵。

（3）シカゴ大学実験学校の教育

デューイはシカゴ大学着任後、市内のいくつかの学校を訪れ、自身の子どものために適切な学校を探したが、公立学校の画一的な教育に対して強い不満を抱いたとされる（小柳二〇一〇：35）。デューイによると、望ましい学校とは、子どもが実際に生活する場所であり、子どもがそれを楽しみ、またそれ自体のための意味を見出すような生活経験が得られる場所であった。ところが、彼の認識では伝統的な学校の教室において、子どもが作業する場がほとんどなかった。すなわち、子どもが構成し創造するような、また、活発に探究するような作業室や実験室、素材、道具、さらにはそのために必要な空間が、ほとんどの学校で欠けていた。

シカゴ大学実験学校は、学校を社会的機関として捉える仮説に基づいて運営され、文明の進歩により複雑化した社会環境を縮小し単純化した「社会的共同体（social community）」として学校を機能させることを目指した。鍵概念として「生活」の概念を提示している。

生活する場としての学校を実現するために実験学校に導入されたのが、「仕事（オキュペーション）」の活動であった。具体的には、作業室での道具を用いた木工や金工、機織り、裁縫、料理といった活動のことであり、人類が生命の維持のために、衣食住に関する諸活動を行うような世界と人間との関係と関わるものだった（森二〇〇四：39）。「仕事」の活動では、伝統的な教科の区分も廃止されて、知識の習得は子どもの直接経験や活動的作業にともなって行われた。ところで、実験学校は子どもたちが好きな遊びや活動をしていれば、それがそのまま学習だとするような放任主義的な学校ではなかった。なぜなら、子どもたちに何をどこまで学習させるかという教育目標の設定があり、それに即した教材・教具の綿密な開発と、さらには科学の系統性に立脚した教科課程（course of study）の編成が行われていたからである。伝統的な教育においてしばしば対立的に捉えられてきた、子どもとカリキュラム、生活経験と教科の関係を、学びの活動のなかで統合し統一しようとした。

市民性と民主主義の教育を探究したデューイの学校改革の実践は、子どもに多様な活動を与えることや、学校と地域を結び付けることなど革新的なビジョンを展望するものであり、進歩主義教育者たちに大きな影響を与えた。

3．進歩主義教育を代表する教育方法

(1) パーカーストのドルトン・プラン

ヘレン・パーカースト（Helen Parkhurst, 1887-1973）（図10－3）は、ドルトン・プランの創始者として知られている。彼女は、アメリカの中西部に位置するウィスコンシン州のデュランドで生まれ、ハイスクール卒業後、地元で小学校教師を務めている。一九一四年、パーカーストはウィスコンシン州立師範学校で教鞭をとっていたが、当時流行していたモンテッソーリ法を研究するために、イタリアおよびドイツに留学している。ローマの「子どもの家」を訪れて、モンテッソーリの下で熱心

図10－3　ヘレン・パーカースト

出典：ヘレン・ハス・パーカースト著、赤井米吉訳『ダルトン案の理論及実際』集成社、1924年。

に学んでいる。しかし、モンテッソーリ法はアメリカ国内で、「教育界をリードしていた代表的な教育学者から明確な批判を受け、急速に支持を失って」いた（宮本二〇〇五：170）。さらに、パーカーストとモンテッソーリ両者の関係が険悪となり、決別することとなる。

一九二〇年、パーカーストは、マサチューセッツ州ドルトン町のハイスクールで「ドルトン・プラン」（正式には「ドルトン実験室法」）を実施している。同プランの基本原理とされたのは、「自由」（freedom）と「協同」（co-operation）であった。彼女の著作『ドルトン・プランによる教育』によると、自由とは「生徒自身の興味やエネルギーを解放し、それぞれの生徒に合った速度で学習に集中させ、共同の利益のために仲間と自覚的に協力できるような、知的・道徳的自由（mental and moral liberty）を保障すること」とされている。また、協同とは「学校における集団生活を単なる接触に終わらせることなく、常に他の人々の活動に参加し困難をともに分かち合うことで、大人になるために不可欠な社会意識や温かい人間関係を養う集団生活の相互作用（interaction of group life）を重視するもの」とされた（伊藤二〇〇七：42）。これらの原理を統合することで「民主主義教育の実現」につながると考えられた（同前：42―43）。

(2) ドルトン・プランの学習形態

ドルトン・プランは、「教科を主要教科と副次教科に区分し、主要教科に関して学習活動を教師と個々の生徒の間の契約仕事（アサインメント）として構成する。実際の措置としては学級と時間割を廃止し、教科ごとに作られた『実験室』と呼ばれる教室で個別学習を行わせる」（上原一九九八：127―128）教育方法であった。なお、主要教科（国語、数学、理科、歴史、地理、外国語）と副次教科（音楽、体育、図画、工作、家庭）とに区分されている。

ドルトン・プランの具体的な方法としては、教科別に設置された「実験室」(ラボラトリー)に教科担任の教師が配置され、生徒は実験室で教師の指導を受けるとともに、自由に学習に取り組むことができた。また、実験室には教科の学習に必要な教材・教具および参考書が備え付けられている。学習内容は1教科当り15から20の契約仕事の形に分割され、契約仕事の配当表は「学習割当表」と呼ばれる。生徒は学習割当表にしたがって各自が望む実験室に行き、自分の能力に見合ったペースで個別に学習する。得意な教科は早く終了し、不得意な教科には多くの時間をかけることができた(小澤一九七九：160)。ドルトン・プランは、一九二〇年代にイギリスをはじめ日本、中国、ドイツなど世界的に普及して、各地で実施された。24年に彼女が来日して以降、熱狂的なブームを巻き起こし、大正新教育運動にも多大な影響を及ぼした。

引用参考文献

伊藤朋子(二〇〇七)『ドルトン・プランにおける「自由」と「協同」の教育的構造』風間書房。

上野正道(二〇二二)『ジョン・デューイ 民主主義と教育の哲学』岩波書店。

上原秀一(一九九八)「日本近代教育における個別化理論の形成――大正新教育のドルトン・プラン移入を手がかりに」教育思想史学会『近代教育フォーラム』第7号。

小澤周三(一九七九)「教育方法における個別化」吉田昇『教育方法』有斐閣。

小柳正司(二〇一〇)『デューイ実験学校と教師教育の展開――シカゴ大学時代の書簡の分析』学術出版会。

竹内洋(一九九三)『パブリック・スクール――英国式受験とエリート』講談社。

田中智志・橋本美保(二〇一三)『教育の理念・歴史』一藝社。

デューイ著、宮原誠一訳（二〇〇五）『学校と社会』岩波書店。

長尾十三二（一九八六）『西洋教育史』東京大学出版会。

長尾十三二編（一九八八）『新教育運動の生起と展開』明治図書出版。

中野光（一九九七）「日本の私立新学校における教師像」日本教師教育学会『日本教師教育学会年報』第6巻。

橋本美保編著（二〇一八）『大正新教育の受容史』東信堂。

眞壁宏幹（二〇一六）『西洋教育思想史』慶應義塾大学出版会。

宮本健市郎（二〇〇五）『アメリカ進歩主義教授理論の形成過程――教育における個性尊重は何を意味してきたか』東信堂。

森久佳（二〇〇四）「都市化・産業化に対応するデューイ・スクール（Dewey School）の試み――訪問者の目から見た授業実践の特色」『都市文化研究』第4号。

森田尚人（二〇一七）「デューイ」教育思想史学会編『教育思想事典 増補改訂版』勁草書房。

山﨑洋子（二〇一二）『イギリス新教育運動の生起と展開――教師の自律性と専門職化の歴史』知泉書館。

渡邊隆信（二〇二〇）『新教育運動における「国際化」の進展と「郷土」形成論の相克に関する比較史的研究』科学研究費研究成果報告書。

第11章　前近代の教育から近代教育へ

1．前近代の教育機関

（1）古代の教育機関

古代・中世の教育機関は、貴族や武士など支配階級のための教育がほとんどであり、庶民にも広く普及するのは近世になってからである。まずは、近代以前の教育機関について見ておきたい。

７、８世紀頃、日本は中国の唐王朝をモデルとした「律令国家」（「律」〔刑法〕と「令」〔行政法〕と呼ばれる法に基づいて統治される国）を形成した。そのため、律令官人には「文書による高度な事務能力」が求められ、その養成のため都に「大学寮」、国ごとに「国学」が設置されている（山本二〇一四：14）。大学寮は、６７０年頃に中央の官吏養成機関として設けられ、13から16歳の貴族の子弟を対象に、歴史・文学・法律・数学・儒学などが教えられた。また、９世紀に入ると、有力貴族は「一族子弟の寄宿舎として私的施設でありながら、大学寮付属機関として公的性格」をもった「別曹《べっそう》」を設置している（久木一九六六：９）。有名なものとしては、８２１年に藤原冬嗣（七七五―八二六）が設置した勧学院、８４５年頃に橘嘉智子《かちこ》（七八六―八五〇）・橘氏公《うじきみ》（七八三―八四八）らが設置した学館院、８８１年に在原行平《ありわらのゆきひら》（八一八―八九三）が設置した奨学院などがある。これらの別曹が設置された目的は、「一族子弟を律令官僚養成機関たる大学寮に大量に送りこむことによって、一族出身者の官界への進出をはかり律令機構の中枢部を確実に掌握することにあった」（久木一九六六：２）。一方、８２８年に空海（七七四―八三五）が日本最初の庶民の教育機関とされる「綜芸種智院《しゅげいしゅちいん》」を開設している。

（2）中世の教育機関

日本の中世は、「寺院が多様なレベルの教育や文化を担う機関」として重要な役割を果たした（大戸二〇〇二：66）。そのため、中世の教育機関は寺院に関連した学校や図書館が登場している。

鎌倉時代に入ると、武士は猛々しいだけではなく、文事や学問に傾倒するようになる。例えば、執権北条氏の一族として知られる金沢《かねさわ》北条氏の北条実時《さねとき》（一二二四—一二七六）によって、武蔵国金沢（現・横浜市金沢区）の邸宅内に「金沢文庫」が設けられている。具体的な創設時期は不明であるが、実時晩年の一二七五（建治元年）年前後だとされる。文庫は金沢北条氏（顕時・貞顕・貞将）に引き継がれ、政治・文学・歴史など多岐にわたる典籍が収集された。なお、文庫の利用者は、学僧や金沢北条氏一門に限定されており、「公開図書館という機能」はみられなかったようである（大戸二〇〇二：78）。

一方、中世の学校としては、一一九六（建久七）年、足利義兼《よしかね》（一一五四—一一九九）が、下野国《しもつけ》（現在の栃木県）に足利氏の菩提寺である鑁阿寺《ばんなじ》（真言宗大日派の本山）を建立し、この寺院を母体として成立した「足利学校」を挙げることができる。足利学校は、「都から遠く離れた坂東に存在していたとはいえ、そこで営まれていた広範で高度な教育のゆえに、中世のもっとも高いレベルの教育を担う有力な機関」であった（大戸二〇〇二：69—70）。その後、一四三九（永享十一）年、関東管領（室町幕府が設置した鎌倉府の長官）の上杉憲実《うえすぎのりざね》（一四一〇—一四六六）が書籍を寄付し、鎌倉円覚寺の僧・快元《かいげん》を庠主《しょうしゅ》（校長）として招き、足利学校の再興を図っている。同校では漢学・儒学・易学・天文学・医学・兵学などが教えられ、隆盛期には三千人におよぶ学徒が集まったとされる。そのため、イエズス会の宣教師フランシスコ・ザビエル（一五〇六—一五五二）によって、「坂東の大学」と称された。戦国武将たちの間では、「足利学校で易学を学んだ者を軍師として招くことが盛んになり、実際、数多くの足利学校卒業生が戦国武将のブレーンとなっている」（小和田二〇〇七：159）。他にも、陣僧《じんそう》（戦死者の供養、外交官の役割）や右筆《ゆうひつ》（文書を作成する役割）として活躍する者も存在した。

十六世紀、ポルトガルやスペインを中心とした大航海時代のなか、日本にもヨーロッパから多くの南蛮人が来航するようになり、キリスト教とともに西洋文化を伝えている。イエズス会の宣教師は、キリスト教の布教活動を進めていくなかで、「最新の教育システムを日本に導入」している（桑原二〇〇八：3）。まず、一五八〇（天正八）年、キリシタン大名やキリスト教を保護する織田信長（一五三四―一五八二）の支援のもとで、有馬（現・長崎県南島原市）と安土（現・滋賀県蒲生郡安土町）城下に「セミナリオ」（中等教育学校）が開校される。セミナリオは、7歳から17歳までの武士や貴族の子弟を対象に、6年課程でラテン語や日本文学、自然科学、音楽などが教えられた。さらに、豊後府内（現・大分県）には、宣教師の養成機関として「コレジョ」（高等教育学校）が開設された。

（3）近世の教育機関

江戸幕府は林羅山（一五八三―一六五七）が上野に開いた林家塾を幕府の教育機関として位置づけ、後に昌平坂学問所とした。ここでは幕府の旗本や御家人の子弟に対して教育が行われた。一方、全国にあった藩では藩校が設置されている。藩校の教育内容は、儒学を基本とした漢学や武芸が教えられたが、その他にも国学、幕末には洋学や西洋医学を加えるところもあった。著名な藩校としては、会津藩の日新館《にっしんかん》（図11―1）、水戸藩の弘道館《こうどうかん》、長州藩の明倫館《めいりんかん》、薩摩藩の造士館《ぞうしかん》などがある。また、一六七〇（寛文一〇）年、岡山藩主池田光政（一六〇九―一六八二）は、藩校とは別に庶民の子弟を教育することを目的として閑谷《しずたに》学校を創設している。同校への入学者

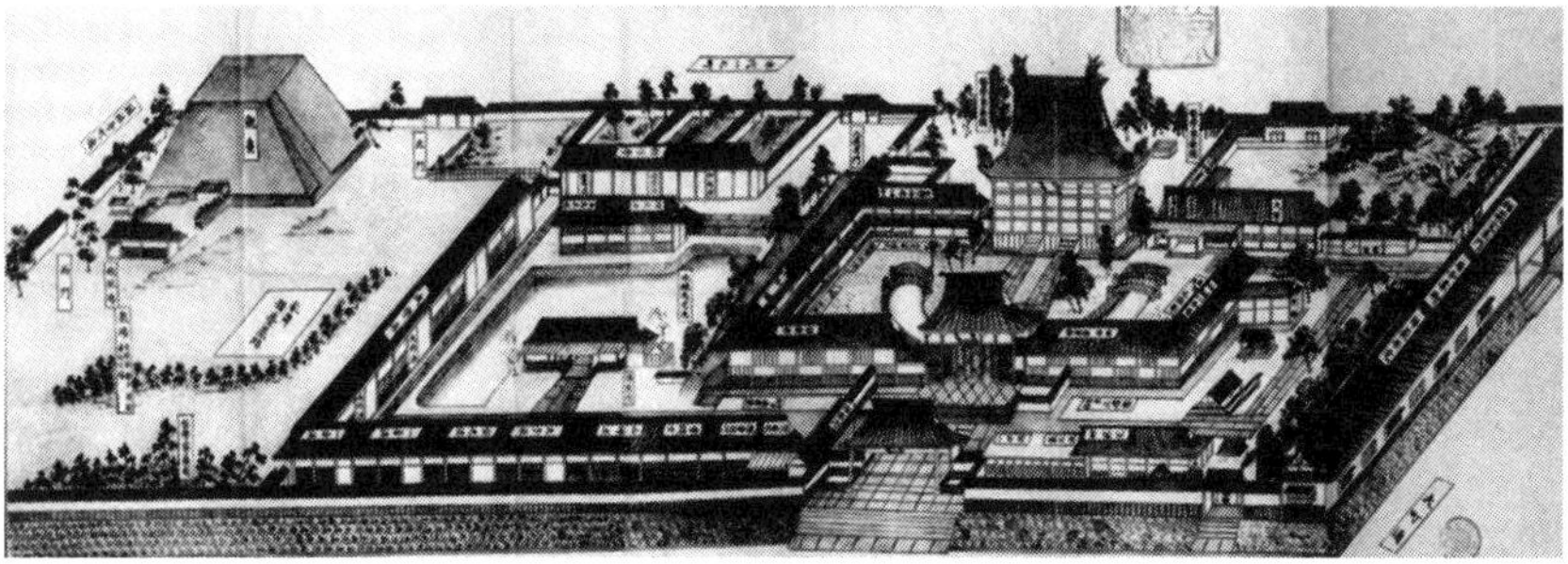

図11－1　会津藩の日新館

出典：文部省『日本教育史資料』文部省、1890年。

は、「村役人層の子弟が中心であったが、それにとどまらず、武士・庶民を問わず、また他国人まで入学を認めた郷学《ごうがく》であった」（辻本二〇〇二：247）。であるo寺子屋は、庶民の子どもが日常生活に必要な読み書き算用を学ぶ教育機関である。学習内容は、読み書き計算を中心としたものであり、手習い（文字を書くこと）が主要な部分を占めていた（図11－2）。授業では、往来物《おうらいもの》と呼ばれる教材が子どもの能力や家の職業に応じて師匠から与えられ、子どもたちは師匠によって出された課題をこなして初めて次の段階へと進むことができた。授業方法は、一斉教授の形式ではなく、子ども一人ひとりに応じて往来物や師匠によるお手本を用いて行う個別教授であり、異年齢の子どもたちを対象にした。寺子屋では、単に読み書きなどの知識を与えることだけを目的としたのではなく、学習作業を通して師匠や兄弟子らとの人間関係のなかで生活全般にわたるしつけも行われた。寺子屋師匠は、教育行為を行うためのしかるべき専門的教育やそれを保証する資格を有していたわけではなく、我々の想像するような近代的職業としての「教師」ではなかったことに注意しなければならない。

江戸時代中期になり経済が発展してくると、商家や百姓町人の間では、文書による契約手続きや田畑の仕事の記録、娯楽として読書が普及し、読み書きの能力が求められるようになる。こうした庶民の教育熱の高まりから、寺

図11－2 寺子屋の手習い

出典：『維新前東京市私立小学校教育法及維持法取調書』大日本教育会、1892年。

子屋は子どもたちに教育を受けさせる機関として、地方の小都市、さらに農山漁村にまで多数設けられ全国に広く普及していった。このことは、就学が義務ではない時代において、いかに多くの庶民が学習欲求をもっていたのかを表している。なお、これまで「寺子屋」という呼称で知られていたが、近年では「手習塾《てならいじゅく》」と説明されるようになっている。その理由として、寺子屋という呼称は上方（京都大阪を中心とする範囲）で用いられていたが、江戸では用いられていなかったことや、寺子屋は「寺院教育から自立した庶民の学習活動のうえに成立した文字学習の場」であったという理由が挙げられる（梶井二〇一一：４０１）。

2. 近代公教育の成立

(1) 近代学校の誕生

一八七二（明治五）年に欧米の教育制度をモデルとし、公教育制度を規定した最初の法令である「学制」が公布された。学制が目指す教育理念は、「学事奨励ニ関スル被仰出書《おおせいだされしょ》」（「学制序文」）に示されている。その特徴として、第1に「学問は身を立るの財本」とされ、国民は「立身」のため学問に励むことが強調された。第2に、「一般の人民（華士族卒農工商及婦女子）必ず邑《むら》に不学の戸なく家に不学の人なからしめん事を期す」とあるように、

図11－3　開智学校（明治9年）

出典：ジャパンアーカイブズ（https://jaa2100.org/）

身分や性別に捉われることなく、全ての国民に平等な教育機会を与える国民皆学が説かれた。

この時期の著名な学校としては、一八七六（明治九）年、長野県松本市に建築された開智《かいち》学校を挙げることができる（図11－3）。同校の校舎は、西洋建築（八角形の塔やバルコニーなど）を取り入れつつも、日本の伝統的な建築技術（瓦屋根や漆喰壁など）で建設された「擬《ぎ》洋風建築」であり、近代化が進んだ明治期を象徴する建物である。なお、二〇一九（令和元）年九月に校舎は国宝に指定されている。静岡県でも現存する日本最古の擬洋風木造小学校校舎の見《み》付《つけ》学校がある。

新政府は、学校の設立維持や授業料の負担を地域、保護者に強要したため、多くの反発を招くことになった。徴兵令や地租改正などとともに学制の実施は、政府の一連の政策として民衆の不信不満の対象となり、農民暴動に際して学校焼討ち事件が発生したこともあった。

（2）学制改正と教育令の公布

文部大輔《たいふ》（文部省の長官）の地位にあった田中不二麿（図11－4）は、学制の実施に様々な困難が生じており、改革が必要であることを認識していた。田中は岩倉使節団の一員として欧米視察の経験を持ち、なかでもアメリカの自由主義的、地方分権的な教育行政に強い関心を寄せていた。そこで、彼はアメリカ人のダビッド・モルレー（図11－5）を文部省顧問（学監）に招き、その助言を得ながら、学制の改正に取り組んだ。こうして、一八七九（明治一二）年に文部省は「第1次教育令」を公布した。第1次教育令では、学制の中央集権的・画一

図11－4　田中不二麿

出典：国立国会図書館「近代日本人の肖像」（https://www.ndl.go.jp/portrait/）

図11－5　ダビッド・モルレー

出典：文部省『学制百年史』ぎょうせい、一九七二年。

的な教育行政を改めて学区制を廃止し、地方教育行政に権限を委ね、自由裁量を大幅に認める方針をとった。学校は町村を単位に設置することにし、督学や学区取締による中央集権的な監督に代わり、町村住民の選挙によって選ばれた学務委員が学校を管理することにした。また、就学期間についても、8年間の学齢期間のうち、就学は少なくとも16ヵ月へと短縮され、町村の小学校経営上の困難や親の負担の緩和を図った。

しかし、第1次教育令では小学校の設置や就学に関する規定が著しく緩和されたことで、地方によっては経費節減のために小学校の建築を中止、または廃止するような事態まで起こり、就学者数の減少を招くことになった。こうした状況のなかで、文部省では一八八〇（明治一三）年二月に河野敏鎌《とがま》（一八四四―一八九五）が文部卿に任ぜられ、長らく文部行政を担ってきた田中が司法卿へと転出した。田中の更迭によって、第1次教育令はわずか1年で改正されることとなった。政府は教育政策を転換することを決意し、同年12月に第1次教育令の改正を行い、「第2次教育令」を公布した。第2次教育令では、教育内容の決定や学校の設置認可に関する文部省や地方官の権限を強化して、再び中央集権的な性格を強めたほか、児童の就学督励を強化する方針を示した。そのため、就学督促が全国各地でなされ、徐々に就学率は上昇していった。

(3) 天皇制と教育

新政府は天皇を民衆統合のシンボルとするために、「天皇の視覚化」を試みている。この時期の民衆にとって、「天皇の存在は知っていても、なんら直接の関係はもたない存在」であったことから、政府首脳部は「天皇を一般の人びとの眼に見える存在にし、印象づけなければならな」かった（多木二〇〇二：4―5）。こうして、一八七二年から一八八五年にかけて、明治天皇は全国各地の民情視察を目的として、6回にわたる大規模な巡幸《じゅんこう》

	期間	巡幸先
第1回	明治5年5月23日～7月12日	三重・大阪・京都・兵庫・山口・長崎・熊本・鹿児島・香川
第2回	明治9年6月2日～7月21日	埼玉・栃木・福島・宮城・岩手・青森・北海道
第3回	明治11年8月30日～11月9日	埼玉・群馬・長野・新潟・富山・石川・福井・滋賀・京都・岐阜・愛知・静岡・神奈川
第4回	明治13年6月16日～7月23日	山梨・長野・岐阜・愛知・三重・滋賀・京都・兵庫
第5回	明治14年7月30日～10月11日	埼玉・栃木・福島・宮城・岩手・青森・北海道・秋田・山形
第6回	明治18年7月26日～8月12日	兵庫・山口・広島・岡山

※巡幸先は現在の道府県で表記し、上陸のない箇所は除いた。

13 ―― 明治天皇、各地を巡る

図11－6　六大巡幸

出典：宮内庁書陵部・宮内庁三の丸尚蔵館 編『明治天皇邦を知り国を治める 近代の国見と天皇のまなざし』宮内庁、2015年。

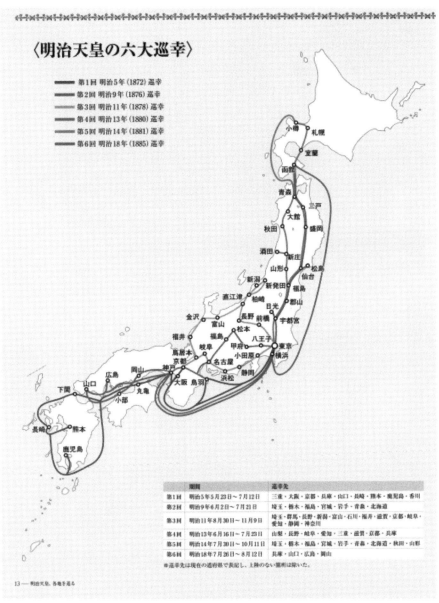

（六大巡幸）を行っている（図11－6）。一八七八（明治一一）年八月から一一月の北陸・東海巡幸では、厳戒体制のなか多くの随員を従えて、東京から前橋・長野・新潟・富山・金沢・福井・京都・岐阜・名古屋・静岡を巡り帰京している。天皇が巡察した場所は、主に勧業場・学校・軍事施設などが中心であった。

明治天皇は民情を視察するなかで、民衆が奢侈《しゃし》に流れ、勤勉の気風を失い、過度な欧化主義に陥っていることを憂慮している。天皇の命を受け、一八七九（明治一二）年に侍講《じこう》（天皇に学問を講じる職）の元田永孚《もとだながざね》（一八一八―一八九一）（図11－7）が、国民教育に関する根本精神を示した「教学聖旨」（「教学に関する聖旨」）を作成する。教学聖旨では、文明開化による知識偏重の教育を批判し、「仁義忠孝」（天皇に対する忠義と親孝行、思いやりと正義）の教えを優先して授けるように求めている。すなわち、仁義忠孝に基づく儒教道徳を日本における教学の要として確立するべきことが説かれた。教学聖旨の内容をめぐっては、起草者である元田の考え方を色濃く反映しており、欧化政策推進の立場で内務卿の伊藤博文（一八四一―一九〇九）らとの対立を招くこととなる。

図11－7　元田永孚
出典：国立国会図書館「近代日本人の肖像」（https://www.ndl.go.jp/portrait/）

伊藤は、「教育議」を上奏《じょうそう》（天皇に意見や事情などを申し上げること）して、仁義忠孝を教育の根本に据えるべきとの主張を否定している。さらに教学聖旨で指摘されている風俗の乱れは、学制や開化政策の責任ではなく維新変革の一時的な弊害であると反論している。元田は教育議に再反論するために「教育議附議」を提出し、教育議が教学聖旨の趣旨を十分に理解していないことを批判して、仁義忠孝こそが教育の根本精神であることを強調した。この元田と伊藤との教学論争では、近代国家における教育と徳育の基本方針をめぐる対立が浮き彫りとなった。その後、元田の儒教主義に基づく思想は、一八九〇（明治二三）年の教育勅語へと発展する足がかりとなる。

（4）師範学校と教員養成

師範学校は、戦前期の日本において小学校教員を養成した教育機関のことである。一八七二年、文部省は学制公布に先立ち、教員養成を目的として東京に官立師範学校（後に東京師範学校）を創設している。近代教育制度の構築には、寺子屋師匠ではなく、一定の質を備えた「教師」の養成が不可欠であった。そこで、お雇い外国人であるマリオン・スコット（Marion McCarrell Scott, 1843-1922）（図11－8）をアメリカから招いて、東京師範学校で小学校教員の養成に当たらせている。スコットは、小学校における指導法である「一斉教授法」を日本人の師範学校生徒に伝授している。また、日本国内で入手が困難であった机・椅子・教卓・黒板、教科書などの設備や教材を母国から取り寄せ、伝習する場を整えている。一斉教授法は、寺子屋の個別教授とは異なり、当時の日本人とって馴染みのないものであったが、大多数の児童へ知識を伝達・注入できる効率的な教育方法であった（図11－9）。

図11－8　マリオン・スコット

出典：文部省『学制百年史』ぎょうせい、一九七二年。

図11－9　明治初期の一斉教授法（明治10年）

出典：ジャパンアーカイブズ（https://jaa2100.org/）

その後、スコットから教えを受けた師範学校生徒らは、全国に設置された師範学校に赴任し、彼らが近代的な教授法を地方の教師や生徒に普及させていった。ただし、師範学校での養成だけでは、教員の需要がとても追いつかず、全国で慢性的な教員不足が続いた。そこで、寺子屋師匠など地域に住まう知識人に講習を催し、教育内容や授業方法の伝達を行い、合格した者を「教師」として認める措置がとられた。また、代用教員を雇用して授業を担当させるなど、応急的に教員不足を補う施策が長らく続けられた。教職志望者を増やす方策としては、師範学校生徒に対して優遇策として給費制、卒業生の教職離れを引き留めるために服務義務制がとられている。他にも、師範学校卒業生に対しては、6週間という通常よりも短い兵役で許された。言い換えれば、学費免除や兵役短縮の恩典が与えられる一方で、卒業後は必ず教職に就くことが義務づけられた。

図11－10　森有礼

出典：国立国会図書館「近代日本人の肖像」（https://www.ndl.go.jp/portrait/）

初代文部大臣の森有礼（図11－10）は、一八八六（明治一九）年に「師範学校令」を制定して、師範学校での教員養成に並々ならぬ熱意を傾けた。師範学校では兵式体操や寄宿舎制を採り入れ、集団規律を身につけさせるとともに、「順良、信愛、威重《いちょう》」の三気質を養うべきことが求められた。また、一部の学校では生徒同士の相互監視の奨励や、上級生による私的制裁などが行われた。このような師範学校での教員養成は、「師範タイプ」と呼ばれる画一的な教員を生み出し、教員養成の弊害をもたらしたとされる。

3. 近代教育の確立と教授理論

(1) ヘルバルト派五段階教授法の隆盛

ヘルバルトは、主著『一般教育学』（一八〇六）や『教育学講義綱要』（一八三五）において、教育の目的を「倫理学」に、また教育の方法を「心理学」に求めて「教育学」を体系化している。さらに、「明瞭・連合・系統・方法」の四段階に即して認知の獲得がなされるという、認識形成のプロセスを提示した。教授の各段階は、「子どもの心（表象）の状態に沿って、対象をはっきりと正確にとらえる『明瞭』、明瞭にとらえた対象を他の対象と関連づけ結びつける『連合』、結びつけた諸対象を秩序づけ系統立てる『系統』、系統立てられた諸対象を現実へと適用し応用する『方法』の四段階で進められる」(小山二〇二三：343)。

その後、ヘルバルトの弟子でツィラー(Ziller,Tuiskon 1817-1882)やライン(Rein,Wilhelm 1847-1929)ら、「ヘルバルト派」と呼ばれる教育学者たちは、「ヘルバルトの教育理論を学校教育でそのまま使えるように、極端に形式的で機械的な方向に発展させ」ている(橋本二〇一五：8)。例えば、ツィラーは、「明瞭」を「分析」・「総合」の二つに分けて、「分析・総合・連合・系統・方法」という教授段階を提示している。一方、ラインはツィラーの教授段階を基にして、「予備・提示・比較・総括・応用」という「五段階教授法」を提案した(橋本二〇一五：8－9)。

図11－11　エミール・ハウスクネヒト

出典：文部省『学制百年史』ぎょうせい、一九七二年。

日本では、明治20年代にドイツ人のエミール・ハウスクネヒト(Emil Hausknecht 1853-1927)(図11－11)によって、ヘルバルト教育学が紹介され、国内で五段階教授法が普及している。一八八七(明治二〇)年、ハウスクネヒトは東京帝国大学の教師として来日し、学生にヘルバルト教育学に基づいた授業を行っている。彼の指導を受けた学生たちは、各地の中学校や師範学校へと赴任し、ヘルバルト主義教授理論を全国に普及させる担い手となった(山本一九八五：70)。明治30年代には、五段階教授法が教授技術として広く流行するが、次第に画一性のもたらす弊害が深刻となり、批判の声が上がることとなる。

（2）樋口勘次郎の活動主義

樋口勘次郎（一八七一―一九一七）は、東京高等師範学校附属小学校訓導を務め、五段階教授法が知識注入に陥っていることを批判し、児童の自発活動を重視した「活動主義」を提唱する。その教授論は、「アメリカ進歩主義教育の父」と呼ばれるフランシス・パーカー（Parker,F.W. 1837-1902）の「中心統合論」に大きな影響を受けたものであった。樋口の著書『統合主義新教授法』（一八九九）によると、統合教授とは「各種の教授材料を、可成親密に関係連絡して、殆ど一大学科を学ぶが如き感あらしむるやうに教授する」ことである（樋口一八九九：64―65）。すなわち、教材に関連を持たせて配列することで、教科を統合しようとする試みであった。ここで、彼の有名な教育実践「飛鳥山遠足」について見ておきたい。

飛鳥山遠足とは、一八九六（明治二九）年、樋口が児童の自発活動を促す教授の一環として、尋常科2年の児童37名を引率し、東京上野の不忍池から飛鳥山までの校外教授を行い、児童に自然や人文に関わる事象を観察し、発表させた一連の教育実践のことである。当時、遠足は単なる遊びと見る傾向があり、教師も教育上、無益で準備の手間になると考える状況にあった。このような中で、樋口は「総合的な体験を準備する場である遠足およびその機会になされる『観察』の教育的意義に着目」している（新井一九九〇：6）。では、飛鳥山遠足の実践がどのように展開されたのかを見ておきたい。

当日、児童は出発点である不忍池の観察を行うとともに、東照宮、五重塔などの史跡、動物園、博物館、美術学校、音楽学校、図書館などの文化施設の位置と地図とを見比べながら歩いている。樋口は「講義のみにて教授するは、死せる教授法なり」と従来の教授法を批判し、児童自らが観察し学習することを重視した（樋口一八九九：17）。遠足の目的・方法について、実際に得た結果を「生徒の学問」としてまとめている。それは、動物学、植物学、農業、商業、工業、地理、地質、人類学、物理学、詩、修身、作文の12項目で、児童が学び観察したことを列挙している。

（3）谷本富の自学輔導

谷本富《とめり》（一八六七―一九四六）は、東京高等師範学校教授や京都帝国大学教授などを務めた教育学者である。当初、谷本はハウスクネヒトよりヘルバルト教育学を学んだことで、ヘルバルト主義教授理論や五段階教授法を積極的に推奨する立場であった。しかし、海外留学の体験を経て、欧米においては新教育運動が隆盛しつつあることを見聞きする。帰国後、谷本はヘルバルト教育学に満足できず、新たに「自学輔導」論を提唱している。自学輔導論では、「児童の主体的・自発的な自己活動としての『自学』重視のスタンスを打ち出し、そして教師の役割は『生徒を補導して、各々自ら学ばしむ』ることとである」とされた（河野二〇〇九：73）。谷本が自学輔導論を提唱した目的は、明治30年代という帝国主義政策が推進された時期に、「帝国主義的侵略の先兵として海外に雄飛」できる「活人物」を養成することにあった（稲葉一九八〇：21）。

明治末期、樋口や谷本が提唱した理論は、ヘルバルト派の五段階教授法を批判し、児童の自発活動を促すものであり、その後、日本で盛んになる「大正新教育」の先駆的な教育論として評価することができる。

引用参考文献

新井孝喜（一九九〇）「明治中期東京高師附小における低学年中心統合法の実践――教育内容編成の原理にかかわって――」『教育方法学研究』第9巻。

井藤元編（二〇一五）『ワークで学ぶ教育学』ナカニシヤ出版。

稲葉宏雄（一九八〇）「谷本富と樋口勘次郎の教育方法思想――明治30年代の国家主義と個人主義」『京都大学教育学部紀要』第26号。

大戸安弘（二〇〇二）「中世社会における教育の多面性」『新体系日本史 16 教育社会史』山川出版社。

小野雅章（二〇二三）『教育勅語と御真影――近代天皇制と教育』講談社。

小山裕樹（二〇二三）「ヘルバルト」教育哲学会編『教育哲学事典』丸善出版。

小和田哲男（二〇〇七）『戦国武将を育てた禅僧たち』新潮社。

梶井一暁（二〇一一）「近世僧侶の庶民教育へのかかわり――伊予国の手習塾を中心に」日本宗教学会『宗教研究』第85巻第2号。

河野誠哉（二〇〇九）「「学習」とは何だったか？――社会史的接近」『山梨学院生涯学習センター紀要 大学改革と生涯学習』第13号。

桑原直己（二〇〇八）「キリシタン時代における日本のイエズス会学校教育」哲学・思想論集編集委員会編『哲学・思想論集』第三四号。

五味文彦（二〇二一）『学校史に見る日本――足利学校・寺子屋・私塾から現代まで』みすず書房。

高橋陽一（二〇一八）『新しい教育通義』武蔵野美術大学出版局。

多木浩二（二〇〇二）『天皇の肖像』岩波書店。

辻本雅史（二〇〇二）「幕府の教育政策と民衆」『新体系日本史 16 教育社会史』山川出版社。

寺﨑昌男・榑松かほる（一九七九）「エミール・ハウスクネヒト研究」『日本の教育史学』第22集。

中内敏夫・川合章編（一九七四）『日本の教師 6 教員養成の歴史と構造』明治図書出版。

橋本美保（二〇一五）「ヘルバルト教育学の受容」橋本美保・田中智志編著『大正新教育の思想――生命の躍動』東信堂。

原武史（二〇〇一）『可視化された帝国――近代日本の行幸啓』みすず書房。

久木幸男（一九六六）「別曹をめぐる二三の問題」大谷学会編『大谷学報』第46巻第3号。

樋口勘次郎（一八九九）『統合主義新教授法』同文館。

山田耕太（二〇一八）「キリシタン時代のリベラルアーツ教育」敬和学園大学編『人文社会科学研究所年報』第一六号。

山本正身（二〇一四）『日本教育史――教育の「今」を歴史から考える』慶應義塾大学出版会。

山本正身（一九八五）「日本におけるヘルバルト派教育学の導入と展開」『慶應義塾大学大学院社会学研究科紀要』第25号。

森川輝紀（一九八七）『近代天皇制と教育――その問題史的検討』梓出版社。

森川輝紀（二〇〇三）『国民道徳論の道――「伝統」と「近代化」の相克』三元社。

第12章　大正時代の新教育と社会

1．第一次世界大戦後の教育改革

(1) 大正期における民衆運動

日露戦争後の講和条約では、賠償金支払いを含まない条件が明らかになると、戦争の犠牲・負担を負わされてきた国民の不満が高まった。こうして、講和条約反対を唱える民衆が警察署、国民新聞社、内相官邸などを焼き打ちした「日比谷焼打事件」が起こる。国家の政策決定に参加する機会を持たない民衆は、時に直接行動によって国家の政策に異議を唱えた。

大正期には、民衆の政治参加を求める普通選挙運動が広がり、国家の側も次第に高まる民衆の声を無視し得なくなっていた。例えば、一九一八（大正七）年に富山県の漁村で始まり、その後全国的な広がりを見せた米騒動は、寺内正毅内閣を解散に追い込んでいる。民衆の暴動をきっかけに最初の政党内閣である原敬内閣が成立し、民衆の時代の幕開けとなった。このような中で、東京帝国大学法学部教授の吉野作造（図12－1）が「憲政の本義を説いて其《その》有終の美を済《な》すの途《みち》を論ず」と題した論文を発表し、

図12－1　吉野作造

出典：国立国会図書館「近代日本人の肖像」
（https://www.ndl.go.jp/portrait/）

「民本主義」を提唱したことは、デモクラシー運動の理論的裏付けを与えた。

教育政策においては、天皇制を中心とした国家主義体制を強固にするために「臣民教育」が徹底された。特に初等教育では、天皇制国家体制に順応する臣民の形成が目的とされ、画一主義的な注入教授や形式的管理が支配的であった。しかし、大正期には自由主義的風潮の高まりによって、天皇制国家体制を揺るがせない範囲で部分的に教授法改革が行われた。国家主義的な教育目的・内容に抵触しない、教育形態や教育方法においては、ある程度その画一的で注入的な方法を改めることが許された。

(2) 臨時教育会議の改革構想

第一次世界大戦後の社会変革に直面した政府は、ロシア革命の影響や労働運動の高揚への対処、さらに教育の大衆化や新中間層の形成への対応策を探るとともに、天皇制を基軸とする国家体制の再編を進めなければならなかった。そこで、一九一七（大正六）年九月に寺内内閣は、時代状況の急激な変化に対応できず行き詰まりを見せていた教育体制を抜本的に改革するため、内閣直属の諮問機関として臨時教育会議を設置した。

初等教育については、教育費の国庫負担を増やして財政的基礎を与え、教育内容の改善充実を図ることが答申の中心となった。一九〇七（明治四〇）年の小学校令改正によって、義務教育年限は2年延長となっていたが、市町村の教育費負担は増大し地方財政を圧迫していた。大正期には地方財政の疲弊は極限に達し、俸給不払いや物価高騰による教員の生活苦が社会問題となった。臨時教育会議では、小学校教員の俸給は国と市町村の連帯支弁として、半額を国庫負担するよう答申した。一九一八年三月公布の市町村義務教育費国庫負担法により、尋常小学校教員の俸給の一部が国庫負担となった。このことは、義務教育に対する国の財政上の責任を明確にしたと

表12－1　職業と階層の分類

旧中間層	旧中間層Ⅰ	農業	
		水産	
	旧中間層Ⅱ	工業	染織、出版、印刷、写真、製菓業など
		実業	
		商業	貿易、材木商、質屋、旅館業
新中間層	新中間層・俸給	会社員	
		会社役員	
		銀行員	
		実業家	法人経営など
	新中間層・専門	教授	
		医師	
		弁護士	
		専門	弁理士、会計士、薬剤師
		新聞・著述	
		自由業	芸術家、書家
	新中間層・公務	教員	私立学校教師も含む
		官吏	満鉄官吏も含む
		代議士	貴族院議員も含む
		軍人	海・陸軍人
		団体	
		宗教	僧侶・牧師

出典：小針誠『〈お受験〉の社会史』世織書房、2009年、47頁から一部改変し転載した。

いう点で画期的な改革であった。他にも同会議では、国内での社会運動の盛り上がりに対抗するため、天皇制教育体制の再強化策が審議された。その結果、兵式体操の振興や国民道徳教育の強化、小学校教育の画一的な教育内容・方法の是正などが答申された。

(3) 新中間層の教育意識

大正期には都市部を中心に新中間層と呼ばれる新たな社会階層が登場した。彼らは中等・高等教育が拡大し学歴社会が成立するなか、進学競争を勝ち抜いて得た学歴を元手にして、会社員や銀行員などの俸給職、教授や医師、弁護士、自由業などの専門職、あるいは教員、官吏、軍人などの公務職に携わった（表12－1）。新中間層の多くは地縁・血縁を離れて都市に流入した人々であり、そのまま都市で就職・結婚して新しい家族を形成した。その家族は夫婦と少数の子どもからなる核家族であり、夫が家庭の外で働き、妻が家庭で家族のための家事労働に従事するという性別役割分業をとった。新中間層の間には産児制限（避妊）の考えが広まり、子どもが「授かるもの」から計画的に「作るもの」として捉えられ、少ない子どもをよりよく育てる意識が広まった（沢山二〇一三）。

新中間層は、主として都市部に移住し役所や会社などで働く給与生活者であり、彼ら自身の社会的地位を子どもに受け継がせるためには、高い学歴を身につけさせるしかなく、子どもの教育に多大な関心と熱意を示した。親こそが子どもの教育の責任者であるという考えは、学校・教師に多様で過剰な要求を突きつけることになる。大都市の小学校では、受験準備を要求する父母の声によって、中等学校への進学準備に熱心にならざるを得なくなっていた。新中間層の親が子育ての拠り所とした考え方には、子どもの純真さや無垢を称賛し自発性・個性を大切にして育てたいとする童心主義、反対に子どもの無知や野放図を嫌い厳しいしつけが必要であるとする厳格主義を併せ持っていた。さらに、将来の受験準備を重視しようとする学歴主義にも根ざしていた（広田一九九九）。

2．大正新教育の思想と実践

(1) 大正新教育と新学校

19世紀末に生起した国際的な新教育運動においては、教師中心の画一的詰め込み教育が批判され、児童中心主義の思想や経験主義に基づく多様な実践が生み出された。それは大正期の日本にも紹介されて一大ブームといえるほどの影響をもたらした。日本における新教育は、大正新教育（大正自由教育）と呼ばれている。この運動の

表12－2　大正新教育の著名実践校

学校名	所在地	創設者・実践者	実践の名称等
成蹊実務学校	東　京	中村春二	
成城小学校	東　京	澤柳政太郎	ドルトン・プラン
明星学園	東　京	赤井米吉	ドルトン・プラン
玉川学園	東　京	小原国芳	
池袋児童の村小学校	東　京	野口援太郎	
芦屋児童の村小学校	兵　庫	桜井祐男	
雲雀ヶ岡児童の村小学校	神奈川	上田庄三郎	
千葉県師範学校附属小学校	千　葉	手塚岸衛	自由教育
明石女子師範学校附属小学校	兵　庫	及川平治	分団式動的教育
奈良女子高等師範学校附属小学校	奈　良	木下竹次	合科学習
東京女子高等師範学校附属小学校	東　京	北沢種一	作業教育
東京市富士小学校	東　京	上沼久之丞	ドクロリー・メソッド
神奈川県田島小学校	神奈川	山崎博	体験教育
福井県三国小学校	福　井	三好得恵	自発輔導主義教育法
岡山県倉敷小学校	岡　山	斎藤諸平	ドルトン式自律学習
広島県西条小学校	広　島	檜高憲三	相談学習
大分県別府南小学校	大　分	河野三五郎	約説的教育

出典：筆者作成。

拠点となったのが「新学校」と呼ばれた諸学校であった。新学校には、新しい教育実践を目指して開設された私立小学校や、一定程度の教育研究が認められていた師範学校附属小学校（以下、附小と省略）が存在した。子どもの個性や自発性を尊重する新学校の教育を支持したのが新中間層の親たちであった。そのため、新中間層に基盤をおいた新学校では、保護者の教育観・教育要求に応えながら教育実践を展開する必要があった。

私立小学校としては、成城小学校や児童の村小学校、明星学園などが挙げられる。附小では、兵庫県明石女子師範学校附属小学校や千葉県師範学校附属小学校、奈良女子高等師範学校附属小学校などが知られている（表12－2）。

（2）新学校の教育実践

①澤柳政太郎

一九一七年四月、澤柳政太郎（一八六五―一九二七）（図12-2）が創設した成城小学校は、個性尊重の教育、自然に親しむ教育、心情の教育、科学的研究を基盤とする教育の4つの方針を掲げた。同校では、1学級30名以内の少人数指導や授業の1単位時間を低学年30分、中学年35分、高学年40分として、子どもの発達段階を考慮した教育実践を行った。さらに修身は第4学年、算術は第3学年以上に教授することとし、英語と自然科を第1学年以上に特設するなど、独自な実践を展開している。高学年においては「特別研究」という独自の取り組み（週に2時間、学級を撤廃して子どもが好きな科目・題材をもって教師のところに行き研究する）を導入した。「特別研究」ではドルトン・プランの導入が図られた。ドルトン・プランは、アメリカ人のパーカーストが考案した学習法である。その特色は、「自由」と「協同」を基調として従来の一斉教授を打ち破り、一人ひとりの子どもの個性や要求に応じた個別学習の方式を採用した点にある（第10章も参照）。

ドルトン・プランでは、児童が教師と契約した学習割当表（アサインメント）に従い、各自のペースで各教科を学習する。従来の学級や時間割は廃止され、各教科の実験室（ラボラトリー）で担当教師の指導の下、学習が進められる。従来の学級を単位とする画一的な一斉教授に対し、児童が自分のペースで、しかも教科の難易に応じて自由に時間を配当できるこの学習法は、教育改造への具体的方法を模索していた日本の教育界から大いに歓迎された。

②及川平治

及川平治（一八七五―一九三九）（**図12―3**）は、一九〇七年に明石女子師範学校附属小学校の主事に就任すると、「為さしむる主義による分団式教授法」という教育法を提唱した。及川の著作『分団式動的教育法』（一九一二年）は、関東大震災で紙型焼失のため絶版となるまでに25版を重ね、2万5000部を売り尽くし、教育書としては空前のベストセラーとなった。さらに3年後の一九一五（大正四）年に続編として『分団式各科動的教育法』を出版している。同校にはその実践に学ぼうと年間1万人を超える参観者が訪れ、大正期における教育改造運動の発展に大きな役割を果たした。

及川の教育理論の特徴は、「分団式教育」と「生活単元」、そしてこの2つを思想的に支えた「動的教育論」にあるとされる（橋本二〇一二）。分団式教育は、教師が個々の児童の習熟度や興味関心の差異などに応じて臨機応変に一時的な分団（グループ）をつくり、それぞれの状態にあわせて指導を行うという方式である。一方で、及川のカリキュラム論を特徴づけていたのは、児童の生活に即した題材を授業に取り入れる生活単元という考え方であった。及川は、児童一人ひとりが自発的に学習する動的教育の方途として、個々の児童の能力や興味の違いを重視すること、そして児童自身が学習を深化させていけるような学習法を身につけさせることを説いた。

③手塚岸衛

手塚岸衛（一八八〇―一九三六）（**図12―4**）は、一九一九（大正八）年に千葉県師範学校附属小学校の主事に着任すると、「自学と自治」を教育理念に掲げて「自由教育」を展開した。自由教育では、「自然の理性化」（自然の状態にある児童を「真善美」という価値の実現へと導いていくこと）を目指して、児童の自学と自律を尊重した教育が行われた。同校の教育実践の特徴は、「共通扱」と「分別扱」という2つの教授形態を相互に組み合わせた学習指導が行われたところにある。「共通扱」は教師が中心となって学級全体で同じ教材を学習する一斉指導のことで、「分別扱」は児童個々の学習の進度に応じた自学学習である。特別に設けられた「自由学習の時間」においては、「分別扱」よりもさらに徹底して、学習の内容と方法が児童の自発性と自由に委ねられていた。この時間は玩具の製作をしようと、教科外の自由研究をなそうと、雑誌を読もうと児童の自由とされた（田中二〇一三）。

教科外の活動は、教師の干渉を極力少なくし、児童の自律自治の精神を養うために「学級自治会」が組織された。さらに、異学年合同で実施された「自治集会」においては、尋常科3、4年の児童たちが教室に集まり、司会の自治会長によって進行が図られ、中央の発表者が自作文を朗読している（図12－5）。教師はみだりに発言や干渉を行わないようにしている。このように自治集会では、児童に内在している「自治」や「自律」を引き出すために、児童の発達段階に見合った「自治訓練」が取り組まれた。同校の新教育は、千葉県内はもとより全国的に影響を及ぼし、多数の参観者が訪れるようになった。手塚や訓導らも各地の講演・研究会に出向き、自由教育の実践を発信していった。一九二〇（大正九）年には、「白楊会」と称する運動団体を結成し、同校主催の自由教育研究大会の開催、機関誌『自由教育』を創刊して、教育改造を推し進めていった。

④木下竹次

奈良女子高等師範学校附属小学校では、一九一九年に着任した主事の木下竹次（一八七二－一九四六）（図12－6）を中心に、学習法や合科学習を標榜し、従来の他律的な教育を打破して自律的な学習を生み出すべく実践研究が積み重ねられた。学習法の特色は、子どもを学習の主人公として捉えることを基本前提とするとともに、

図12－4　手塚岸衛

出典：永田与三郎編『大正初等教育史上に残る人々と其の苦心』東洋図書、1926年、235頁。

図12－2　澤柳政太郎

出典：永田与三郎編『大正初等教育史上に残る人々と其の苦心』東洋図書、1926年、149頁。

図12－5　自治集会の様子

出典：手塚岸衛『自由教育真義』東京宝文館、1922年。

図12－3　及川平治

出典：三先生言行録刊行会編『三人の先生』三先生言行録刊行会、1955年、口絵。

図12－6　木下竹次

出典：永田与三郎編『大正初等教育史上に残る人々と其の苦心』東洋図書、1926年、71頁。

「独自学習―相互学習―独自学習」という学習形態が生み出された点にある。さらに、児童が独自学習を行うための時間としての特設学習時間が設けられ、教科の枠にとらわれない未分化な合科学習が生み出された。同校では新しい学習内容については、まず独自学習から始められた。児童一人ひとりが疑問に思ったことを自らの手の届くところから、実験・実習、図書・図表、あるいは教師に導かれて学習を進める。次に相互学習においては、各自の独自学習を持ち寄っていくつかの共通テーマが設定され、学級あるいは分団を単位として集団討議が行われた。これらの授業方法は、同校の機関誌『学習研究』および講習会・研究会を通して、広く全国に知られるようになった。一九二三（大正一二）年には、年間2万人の参加者があったという。同校の教師たちは学習法・合科学習が有名になるにつれて、他校から招かれ、講習会・研究会に頻繁に赴くようになった。

これらの学校では、選抜された特定の児童を教育の対象としており、経済的・文化的に恵まれた階層によって支持されていたからこそ、各学校独自の教育実践が可能であった。ところで、新教育実践は私立小学校や附小でしか取り組まれなかったのだろうか。従来の教育史研究では、一般の公立小学校には依然として古い教育体制が支配的であったと考えられてきたが（中野一九六八）、実は新教育の研究に取り組んだ公立小学校も存在していた。例えば、公立の著名実践校として、富士小学校、田島小学校、三国小学校、倉敷小学校などを挙げることができる。公立小学校では、私立小学校や附小の教育理論の摂取にとどまらず、地域独自の観点から新教育理論を受容し、実践の改良を図っていたことが明らかにされている（鈴木二〇一四）。次は、新教育運動の主導的な役割を果

図12－7　八大教育主張講演会の光景

出典：筆者所蔵。

たした諸学校の実践について概観しておきたい。

(3) 八大教育主張講演会の開催

一九二一（大正一〇）年に開催された八大教育主張講演会は、大正新教育運動を象徴する出来事として、日本教育史で必ず取り上げられる有名な講演会である（図12－7）。連日2，000人を超える聴衆を集めた講演会は、会場である東京高等師範学校の大講堂で、毎日1人ずつ講演者が交替して八月一日から八日まで8日間行われた。主催は大日本学術協会で、責任者は同協会主幹の尼子《あまこ》止《とどむ》であった。講演会には8名の教育者が登壇し、それぞれ個性的な教育論を唱えた。講演者と教育論は、及川平治の「動的教育論」、稲毛《いなげ》詛風《そふう》の「創造教育論」、樋口《ひぐち》長市《ちょういち》の「自学教育論」、手塚岸衛の「自由教育論」、片《かた》上伸《がみのぶる》の「文芸教育論」、千葉命吉《ちばめいきち》の「一切衝動皆満足論」、河野清丸《こうのきよまる》の「自動教育論」、小原国芳《おばらくによし》の「全人教育論」である。

講演者8名の講演内容を筆記した『八大教育主張』は、

従来の教育に飽き足らない教師たちを惹きつけ、2年間で10版を重ねた。その後、出版された『八大教育批判』では、論者8名に対して多くの教育実践家や理論家から批判的な論稿が寄せられている。8名の教育者のなかには、単なる「教育論」に終わらず、自らの思想を具現化する新しい実践を試行した者も少なくなかった。特に、及川平治の分団式動的教育法による能力別グループ編成や、手塚岸衛の自由教育を標榜した児童中心の学校経営は多くの教師に注目された。

(4) 綴方教育と芸術教育運動

大正新教育運動が教科内容の改革に結びついた事例としては、国語科の「綴方」において顕著な功績を認めることができる。綴方の分野には国定教科書がなく、教師の指導内容・方法に一定程度の自由度があり、教育実践に工夫を加えることが可能であった。大正初期に、東京高等師範学校附属小学校訓導の芦田恵之助《あしだえのすけ》(一八七三―一九五二)は、作文指導において「随意選題《ずいいせんだい》」(児童が題材を自由に選ぶ)という革新的な方法を提唱し、教師が課題を与えて子どもに文章を綴らせるという、それまでの一般的な指導を改めた。芦田の思想と実践は、学校での綴方教育を子どもの実生活と結合させる役割を果たすとともに、その後の昭和初期に活発化する「生活綴方運動」の重要な源流となった。生活綴方とは、生活経験のなかで遭遇した様々な出来事を、見たまま・感じたままに表現させるリアリズムの精神に基づき、子どもたちにひとまとまりの文や詩を綴らせ、出来上がった作品を学級のなかで集団的に批評し合せる教育実践のことである(船橋二〇一三)。生活綴方運動を担った教師たちは、高知の小砂丘忠義《ささおかただよし》(一八九七―一九三七)、鳥取の峰地光重《みねじみつしげ》らに代表されるように、都市部の私立小学校や附小の大正新教育の担い手とは異なる教員層に属する者たちであった。綴方教師たちのほとんどが農村の青年教師であり、

図12－8　鈴木三重吉

出典：国立国会図書館「近代日本人の肖像」（https://www.ndl.go.jp/portrait/）

一九三〇年代を通じて当時の民衆の厳しい生活現実と向きあいながら、その教育方法と思想を鍛えていった。

大正期は学校の教師たちに限らず、広い層の人々が児童と教育に関心を寄せた時代であり、文学や美術、音楽などの領域では芸術教育運動が展開された。子どもの内面に潜む生命力に深い洞察を寄せた文芸家や芸術家たちもまた、新教育運動の重要な担い手となった。一九一八年七月、作家の鈴木三重吉（一八八二－一九三六）（図12－8）は童話と童謡を創作する最初の文学運動の実現をめざして、子どものための文芸雑誌『赤い鳥』を創刊した。その発行数は1万部を超えたとされる。同誌には児童向けの物語や童謡を掲載するとともに、児童の作文や詩も募集して掲載した。刊行の目的は従来の児童雑誌の通俗性を打破し、芸術性に満ちた格調高い読み物を子どもたちに与えることにあった。三重吉は子どもの純真な感情を保全開発するために第一級の作家・詩人・作曲家の協力を求めた。泉鏡花、高浜虚子、北原白秋、芥川龍之介、山田耕作らが賛意を示して作品を寄せた。

また翌年4月には、画家の山本鼎《かなえ》（一八八二－一九四六）が長野県で児童自由画展覧会を開催し、自由画教育（児童が描きたいものを描きたいように描く絵画教育）を唱えた。この展覧会には600人を超える人が訪れ、その反響は大きかったとされる。山本は伝統的な図画教育が教科書（臨画）の絵を模写する指導であったことを批判し、子どもの創造的能力に対する信頼をもとに自由に描かせ、子ども自身の手で作品を生み出させようとした。自由画は多数の教育者や芸術家たちの関心を集め、さらに現場の教師たちに受け入れられながら自由画教育運動へと発展していった。この運動においては、自由画教育の影響を受けて行われたすばらしい実践もあれば、その影響は受けたものの、ただ「自由放任」、無指導の形で終わってしまった実践もあった。

3．新教育運動の挫折と限界

(1) 行政当局の統制

新教育運動の隆盛によって、新しい実践の試みは都市部の私立小学校や附小に限らず、地域の公立小学校においても展開されるようになった。しかし、現場の教師たちによる自主的な取り組みは、文部省や地方行政当局の警戒するところとなった。例えば、守屋源次郎茨城県知事の自由教育研究会差止め事件を挙げることができる。一九二一年一二月、茨城県結城郡の石下《いしげ》尋常高等小学校では、千葉県師範学校附属小学校の手塚岸衛らを講師に招き自由教育研究会を開催しようとしたが、自由教育に否定的な立場であった守屋知事によって同研究会の開催が中止させられた。自由教育をめぐる圧力はこれに止まらなかった。翌年3月には水戸市教育会が手塚らを招き「自由教育についての講演会」を開催しようとした。しかし、県当局は水戸市内の小学校長を集めて講演会への教員の出席禁止を指示するとともに、各郡へも聴講を差し控えさせる旨を通達した。手塚らの説く自由教育の「急進性」と「放縦性」を危険視し、こうした措置をとったのである。

新教育に対する抑圧が次第に強化されるようになるのは、一九二四（大正一三）年八月の地方長官会議において文部大臣の岡田良平（一八六四―一九三四）が、「教育の新主義」を鼓吹する風潮を戒める訓示を発してからのことである。この訓示が発せられた翌月に国家権力による新教育への弾圧を象徴する「川井訓導事件」が起きる。一般的には、教育史上で国定教科書を授業中に使用しないために教師が行政処分された最初の事件として有名である。一九二四（大正一三）年九月五日、長野県松本女子師範学校附属小学校では、訓導の川井清一郎（一八九四―一九三〇）が国定教科書を使用せず、森鷗外の小説『護持院ヶ原の敵討』を副教材にして、4年生の修身授業を行った。この授業を参観した文部省視学委員の樋口長市や県教育行政担当者が国定教科書を使用していないことを問題視し、授業後の講評のなかで厳しく叱責した。この事態を受け、事件の翌日には長野県知事が同校を視察に訪れ、川井訓導に始末書を提出させるよう校長に求めた。校長は川井に始末書を提出させるとともに、今後は学校が定めた教授細目（学習指導計画）に従った授業を実施する旨の覚書を書かせた。その後結局、川井は県から行政処分による休職を命ぜられ退職に追いやられた。

川井訓導事件のあった同年一〇月、文部省は奈良女子高等師範学校附属小学校の学習形態が児童の興味・関心を重視するあまり、教科書や法令を逸脱しているとの批判を行った。これに対して、主事の木下竹次はあえて異論を唱えず、文部省からの許可の範囲内で教育実践を進めていった。一九二六（大正一五）年には、千葉県師範学校附属小学校でも「自由教育」の推進者であった手塚岸衛が、附属小学校から県内の大多喜中学校への転任を命ぜられた。この人事異動は、附小の「自由教育」支持者の勢力を後退させることが目的であった。新教育の発信地であった附小の影響力を考えれば、その理論や実践を強力に取り締まることによって、公立小学校への影響を最小限に食い止めようとするものであった。

(2) 大正新教育への批判

大正新教育は、第一次世界大戦後に形成された新中間層の教育として広まり、東京周辺・地方都市を中心とする私立小学校や附小で取り組まれた。そこに通う児童の多くが新中間層の子弟であった。例えば、成城小学校の近隣にあった公立小学校に着任した教師は、「学園(成城小学校)の子供たちは赤いネクタイをちらつかせ、馬や自動車で林道に埃をあげた。村の子供たちはいつも裸で赤んぼをしよい(背負い)、道のかたはらにそれをよけた」と当時のことを回想している(中内一九八五:113)。この記述からは、私立小学校に通う新中間層の子どもと、村の子どもの間に経済的・文化的な差があったことがうかがえる。私立小学校や附小での新教育は、特定の階層のための教育にとどまってしまい、大多数の貧しい人々の目から見れば、厳しい生活現実からあまりにもかけ離れたものであった。幅広く国民全体を巻き込んでの教育運動になりえなかったことが、新教育の展開に様々な制約と限界を与えた。

新教育の実践は都市部地域のみならず、農村部を含めて多様に展開されたが一般の公立小学校が新教育の教育方法を導入しようとするとき、実践上の問題に直面することになった。それは、新教育の実践が不徹底な形式的模倣の結果に終わるという問題である。例えば、埼玉県秩父郡の野上小学校・樋口小学校の教師たちは、欧米の教育思想家や哲学者の著作を読み、木下竹次の学習論、手塚岸衛の自由教育論、成城小学校のドルトン・プランを学び、時には研究会に参加し自らの学習論の構築に努力を重ねている。実際に樋口小学校では、一九二五(大正一四)年からドルトン・プランを導入し、個人別の学習計画を立て、教科担任の教室での学習を基本とする教育実践に取り組んでいる。しかし、村民からは「高等科になっても領収書も書けない」と、ドルトン・プランを「役に立たない」と批判する声があがっている(森川一九九七)。山口県大殿小学校でもドルトン・プランが導入されており、児童の自学や自習を中心とした授業実践が展開された。ところが、児童が単に辞書参考書等を模写することや、理解していないことまでも丸写しにするという状況であった。また、児童の能力に適した参考資料を充分に提供することが困難であった。形式的な理論の受容では、自発的活動に乏しい児童に対応することが難しく、学習が上滑りになる可能性や児童間の能力差の拡大を招く危険性があった。

(3) 郷土教育への転換

一九二九（昭和四）年から始まった世界恐慌は、教育界にも深刻な影響を与え、教員の俸給不払いや欠食児童の増加といった事態を招いた。当時の状況を愛知第一師範学校附属小学校の真野常雄（一八九五―一九七一）は、「一切が行きづまった、政治も経済も道徳も宗教もまた芸術も。そしてわれわれの教育も」と述べている。これまで、「児童中心」や「個性尊重」を標榜してきた新教育運動であったが、行き詰まりを見せた教育界の状況を打開できないままでいた。こうした状況にあって教育界では「教育の実際化、地方化」を目指すべく、労作教育、公民教育、生活綴方教育、郷土教育に期待を寄せていった。

郷土教育運動は、政府による郷土愛や祖国愛の形成をめざす上からの動きとして展開したが、一方で一九三〇年発足した「郷土教育連盟」などの民間団体による、子どもが生活する地域社会のなかから教材を求め、学習内容を自らの生活体験のなかに置き換えて、学習の経験化を図ろうとする下からの動きも見られた。郷土教育連盟は、文部省の影響を受けながらも基本的に民間側の団体として出発し、大正新教育運動を担った研究者・実践家も合流していた。一九二〇年代末から三〇年代にかけて多くの教員たちは、新教育運動の系譜を引く郷土教育運動へと転換を図っていった。

引用参考文献

大井令雄（一九八四）『日本の「新教育」思想――野口援太郎を中心に』勁草書房。

大門正克（二〇〇〇）『民衆の教育経験――農村と都市の子ども』青木書店。

金子一夫（一九九九）『近代日本美術教育の研究　明治・大正時代』中央公論美術出版。

沢山美果子（二〇一三）『近代家族と子育て』吉川文館。

鈴木和正（二〇一四）『公立小学校における「大正新教育」実践の地域史的研究』（博士論文、広島大学）。

田中智志・橋本美保（二〇一二）『プロジェクト活動――知と生を結ぶ学び』東京大学出版会。

田中智志・橋本美保編著（二〇一五）『大正新教育の思想――生命の躍動』東信堂。

田中智志・橋本美保編著（二〇二一）『大正新教育の実践――交響する自由へ』東信堂。

田中智代子（二〇一三）「手塚岸衛における『自由』――自学と自治の実践をてがかりに――」東京大学大学院教育学研究科基礎教育学研究室『研究室紀要』第39号。

中内敏夫（一九八五）「『新学校』の社会史」『国家の教師　民衆の教師』新評論。

中野光（一九六八）『大正自由教育の研究』黎明書房。

中野光（二〇〇八）『学校改革の史的原像――「大正自由教育」の系譜をたどって』黎明書房。

橋本美保（二〇一八）『大正新教育の受容史』東信堂。

広田照幸（一九九九）『日本人のしつけは衰退したか』講談社現代新書。

志村廣明（二〇〇二）「大正デモクラシーと新教育の諸相」寄田啓夫・山中芳和 編著『日本の教育の歴史と思想』ミネルヴァ書房。

船橋一男（二〇一三）「生活綴方の教師たち――公教育のオルタナティブの開拓」『講座　東アジアの知識人』第3巻、有志舎。

森川輝紀（一九九七）『大正自由教育と経済恐慌――大衆化社会と学校教育』三元社。

山田恵吾（二〇一〇）『近代日本教員統制の展開――地方学務当局と小学校教員社会の関係史』学術出版会。

林曼麗（一九八九）『近代日本図画教育方法史研究――「表現」の発見とその実践』東京大学出版会。

第13章　看護教育の歴史

1. 職業としての看護婦

(1) 看護と看護婦の起源

看護師になるには、現在法律で定められた教育機関で必要な教育を受けて、専門的な知識やスキルを身につけるとともに、国家試験に合格して免許を取得する必要がある。しかし、前近代において看護活動は、仏教事業あるいはカトリック教会の修道女などによる慈善活動の一環であり、専門的な職業養成を受けた者が行うわけではなかった。近代に入ると、現在のように学校で職業養成が行われるようになり、近代的職業としての「看護婦」が誕生する。

始めに「看護」の起源をさかのぼってみたい。英和辞典で「nurse」を調べると、「看護師」のほかに「乳母」や「授乳する」、「大事に育てる」などの意味が記載されている。一説には「看護する」という言葉は「授乳」(養う、食物を与える）を語源とし、そこから子どもだけではなく病人の世話全般を意味するようになったとされる。このように看護の起源は、語源的、文化的に生物的な女性「性」と固く結びついており、看護は女性的職業と長らく考えられてきた。一方、「看護婦」の起源は看護に従事する修道女たちが教会に集まった病人を世話したのが始まりだと言われている。そのため、教会での看護活動はキリスト教の「隣人愛」という宗教観の影響を強く受けており、あくまで罪を悔いる手段であった。

（2）近代看護の祖ナイチンゲール

近代看護の祖とされるフローレンス・ナイチンゲール（Florence Nightingale, 1820-1910）（図13ー1）は、看護を宗教的な奉仕活動から切り離し、近代看護へと転換を図った。彼女の実家は、貴族ではなかったが裕福な家庭であった。イギリス人の父親ウィリアムがケンブリッジ大学で学び、裕福なダービシャーの地主であった。ウィリアムは12歳の娘に自ら教育を行い、ギリシア語、ラテン語、ドイツ語、フランス語、イタリア語、歴史、哲学、数学など多様な学問を教えた。彼女は幼少期から父親の英才教育を受けて、教養を身につけ、また社会的地位の高い人々とも関係を築いていった。

両親は近所の病人を見舞い、村の貧しい学校へ経済的援助を惜しまず慈善活動を行った。彼女も母親の手助けを行い、時には病人を看病することさえあった（森田二〇二一：46）。上流階級に属する者の間では、富や権力を独占するのではなく、社会に還元してその社会的地位に見合った行動を行うべきとする「ノブレス・オブリージュ」という価値観が一般的であった。両親らの慈善活動の手助けを行ううちに、次第に看護への関心を高めていった。

一八四五年、彼女は看護婦という職業に就くために、病院で実践経験を積みたいと願うが、家族の大反対にあっている。主な反対理由としては、当時の看護婦は医学的知識や特別な技術を要せず、社会的

図13ー1　フローレンス・ナイチンゲール

出典：安藤義松『看病学』後藤良太郎、1889年。

図13－2　ナイチンゲールのクリミアへの経路

出典：喜多悦子「ナイチンゲールの今日的意義」『日本赤十字九州国際看護大学紀要』第10号、2011年、17頁より転載した。

にも望ましくないイメージが定着していたこと、ヴィクトリア朝時代に中産階級の女性が「未婚であることや職業をもつことは身分を損なうこととして否定されていた」（滝内二〇一一：47）ことなどが挙げられる。

彼女は家族からの反対にあい意気消沈したが、母親や姉の反対を押し切り、複数の求婚まで断って、看護の道へ進むことを決意した。その後も隠れて看護の勉強を継続し、各国の病院事情など情報収集にいそしんでいる。一八四七年、彼女を心配する友人の誘いで、気分転換にローマへと旅行に出かけるが、人生を大きく左右する出会いがあった。偶然に旅先で出会ったイギリスの政治家シドニー・ハーバート、その妻エリザベスらと意気投合し、知己を得ることになる。彼は後にクリミア戦争時の陸軍省戦時大臣を務め、長年にわたり彼女の良き理解者、同志となる人物である。その政治的支援なくしてはナイチンゲールの活躍はあり得なかった（中島二〇二一：96）。

一八五一年に家出同然ではあったが、ドイツのディアコネス学園に見習生として入学し、3ヵ月にわたり看護の訓練を受けている。また、一八五三年に良き理解者の一人であったエリザベスの取り計らいで、ロンドンのハーレー街の慈善施設で責任者を務めている。

この時期、ヨーロッパ情勢は風雲急を告げる。一八五三年から五六年にかけて、ロシア対トルコ・イギリス・フランス・サルデーニャ連合軍の間でクリミア戦争が勃発する。彼女はイギリス野戦病院の惨状を聞き、戦時大臣ハーバートに宛てて、戦地での看護活動を志願する手紙を書いている。一八五四年、ナイチンゲールが34歳の時に、クリミア戦争の看護婦人団長に任命され、38名の看護婦を率いて戦地に赴いている（図13-2）。戦地の不衛生な環境で多くの感染者・死亡者が出るなか、衛生環境の改善に努めて疾病者を激減させることに成功する。

（3）看護婦養成学校の創設

一八五六年、ナイチンゲールは戦争終結にともない、イギリスへ帰還を果たしている。国民の多くが彼女の献身的な看護活動を褒め称え、熱狂的に迎えた。こうした背景には、タイムズ紙が彼女のことを「クリミアの天使」、「ランプを持つ貴婦人」と新聞報道したことで、イメージが独り歩きしてしまい、「神話化」されたことが影響している（杉浦二〇二二：80）。彼女は自らの功績を誇ることなく、帰国後すぐに戦地で得た経験を活かして、陸軍の衛生環境の改善に取り組み始める。戦地で目の当たりにしたのは、戦場での負傷よりも収容先の野戦病院での不衛生な環境が原因で、多くの兵士が亡くなっている事実であった。早速、ヴィクトリア女王と謁見し、陸軍の衛生改革の必要を訴え、調査委員会の立ち上げを要請する。衛生問題を調査する王立委員会が発足すると、

図13－3　セント・トーマス病院

出典：山崎洋次「明治を駆けた麦飯男爵」『日本腹部救急医学会雑誌』第28巻第7号、2008年、874頁より転載した。

委員会の一員として統計学の知識を発揮し、一八五八年に改革の根拠資料となる報告書をまとめている。

彼女による看護への大きな功績は、一八六〇年に国民から寄せられた寄付金を元手に、ロンドンのセント・トーマス病院（図13－3）内にナイチンゲール看護婦養成学校を創設したことである。同校での教育は、女性を見習いの看護婦として採用し、実際の現場で患者に接しながら看護を学び、職業に必要な技能の獲得や人間形成を目指す「ナイチンゲール方式」が導入されている。この教育方法は、後に各国の看護教育の基礎となった。ナイチンゲール方式の特徴は、「①マトロン（Matron）と呼ばれる看護総監督の存在、②寄宿舎におけるホーム・シスターによる教育、③医師による基礎専門教育、④病棟シスターによる実践教育にある」（佐々木二〇一三：14）とされている。

ナイチンゲール方式においては、マトロンと呼ばれる看護総監督を看護婦の理想と位置づけ、見習い生はそれを目標として知識や技能の獲得に励んだ。教育の最高責任者である看護総監督が、見習い生の選抜や退学に強い権限を持っており、見習い生たちには絶対服従が求められた。これは、ナイチンゲールがクリミア戦争従軍中に、看護組織の権限と責任が明確ではなかった反省から、権限と責任が一元化された秩序ある看護組織を構想したからである。また、見習い生には寄宿舎で規則正しい生活を行い、学級の女性教師であるホーム・シスターと寝起きを共にする生活が求められた。ホーム・シスターの役割は、授業や臨床現場での講義、試験監督、他にも見習い生たち一人ひとりに気を配り、善導することであった。さらに、見習い生の状況を看護総監督に報告をする義務を負っていた。寄宿舎での生活は、一日の時間が事細かく決められており、20時半に帰寮、22時に就床、6時に起床、朝食後は7時に病棟で勤務というスケジュールであった（佐々木二〇一三：15—18）。

ナイチンゲールによる看護婦養成学校の創設によって、看護の知識や技能を身につけた看護婦を養成することが可能となった。こうして看護婦は、近代的専門職として社会的な地位を獲得するに至ったのである。次に日本ではナイチンゲール方式がどのように受容され、看護婦養成が行われたのかをみていきたい。

2. 日本の看護婦養成史

(1) 近代的な看護婦の養成

江戸時代までの日本は、看護活動に従事する看護婦という職業は存在しなかった。では、いつ頃どのように日本で看護婦が誕生したのかを見てみよう。明治時代に近代医学が導入され病院の建設が進むと、専門知識をもって看護職に従事する者が必要とされる。こうして日本では、西洋の看護教育をモデルとした看護婦養成が開始されている。なお、ここでいう看護婦養成とは、しかるべき医療施設で実習が行われ、学生が看護に関する理論を

表13－1　明治初期における看護婦養成所

養成所名	有志共立東京病院看護婦教育所	京都看病婦学校	桜井女学校附属看護婦養成所	日本赤十字社病院看護婦養成所
創立年	1885年	1886年	1886年	1890年
創立者	高木兼寛	新島襄 J.C.ベリー	ツルー女史 矢島楫子	佐野常民 橋本綱常
指導者	M.E.リード	L.リチャーズ	A.ヴェッチ	軍医教官
1回生の卒業年 人数 修業年限 卒業生（合計）	1888.2 5人 2年	1886.6 4人 2年 （156名）	1888.10 6人 2年 （20名）	1892.5 10人 1年半→3年
実習に関係した病院	有志共立東京病院	同志社病院	帝大病院	日本赤十字社病院
特徴	皇室・華族の援助により設立。上流家庭への派出看護。	キリスト教精神に基づき社会事業として実施。看護を専門的職業として位置づけ、実習を教育の一環として実施した。	キリスト教精神に基づき、女性の自立を目指した職業教育。	総裁は皇族。皇室と軍部が保護。戦時救護と災害救護。卒業後、国家有事の際には20年間の応召義務あり。

出典：長崎雅子「明治期における看護婦教育についての歴史的考察」『島根県立看護短期大学紀要』第9巻、2004年、5頁から一部改変して転載した。

図13－4　高木兼寛

出典：国立国会図書館「近代日本人の肖像」（https://www.ndl.go.jp/portrait/）

修得することを意味している。

日本で最初に看護婦養成が行われた教育機関は、一八八〇年代後半に設立された有志共立東京病院看護婦教育所、京都看病婦学校、桜井女学校附属看護婦養成所、日本赤十字社病院看護婦養成所などが知られている（表13－1）。

軍医である高木兼寛《たかきかねひろ》（一八四九－一九二〇）（図13－4）は、日本で初めて本格的な看護婦養成に取り組んだ人物である。一八四九（嘉永二）年に日向国東諸県郡《もろかたぐん》穆佐《むかさ》村（現・

宮崎市高岡町穆佐）で、薩摩藩の下級武士の家に生まれている。将来医師になりたいと考え、一八六六（慶応二）年に鹿児島へ遊学して、蘭学塾で学んでいる。一八六八（慶応四）年に戊辰戦争が勃発すると、高木は薩摩藩の軍医として従軍するが、当時主流であった漢方医が外科的な医療技術を持たず、戦傷者の治療に支障をきたした。高木自身も拙劣な外科手術を行うしかなく、西洋医学の重要性を痛感している。

一八七〇（明治三）年、高木は第1期生として鹿児島医学校に入学し、校長で英国人医師ウィリアム・ウィリスに師事している。ウィリスから先進的な西洋医学を学んだことで、西欧へ留学して医学を学ぶ決意をする。一八七五（明治八）年から5年間、高木はイギリスのセント・トーマス病院医学校へ留学し、医学を懸命に学んでいる。ここはナイチンゲールが看護婦養成学校を附属した病院であり、高木は教育を受けた看護婦の働きを見て、医療のなかで果たす彼女たちの必要性を感じていた。

帰国後、高木はナイチンゲール看護婦養成学校の看護教育を参考にして、一八八五（明治一八）年に有志共立東京病院看護婦教育所を創設している。教育所では、17歳以上25歳以下、身元引受人があることを条件に入学試験を実施し、日本で初めて看護婦の養成が行われている。教育所の指導者としてナイチンゲールの看護教育を引き継ぐ、外国人看護婦を2年間に渡って招いている。彼女の帰国後は、高木ら医師と卒業生によって看護教育が続けられた。

(2)「看護婦規則」の制定

日本の看護婦養成は、学校教育としての位置づけを持たない病院附属の実務的な教育機関として発足した。そのため、明治初期においては入学年齢および修業年限は各養成所によって異なり、看護婦資格の明確な基準ははっきりと存在しない状況であった。

明治末期に入ると、看護婦供給数が増加するに従って、看護婦の質のばらつきが看過できないものとなる。そこで、いくつかの府県では、看護婦と名乗るためには共通の学歴と一定レベルの技能が必要であるという見方を規則で示すようになる。また、東京府で取得した看護婦免許が大阪府では通用しないといった、各府県でまちまちに規定されていた看護婦規則の不便さを是正する必要がでてきた。一九一五（大正四）年に全国的な統一法規である内務省令「看護婦規則」が制定され、「看護婦」という名称が定着した。この規則によると看護婦免許の取得は年齢18歳以上で、地方長官の指定した看護婦学校または講習所を卒業した者、もしくは、地方長官の行う看護婦試験に合格した者とされた。

表13－2大正期における看護婦の増加数

年代	看護婦数（人）
1912（大正元）年	13,925
1913（大正2）年	13,890
1914（大正3）年	14,542
1915（大正4）年	18,754
1916（大正5）年	27,714
1917（大正6）年	31,121
1918（大正7）年	33,534
1919（大正8）年	35,520
1920（大正9）年	34,781
1921（大正10）年	36,256
1922（大正11）年	37,798
1923（大正12）年	38,135
1924（大正13）年	42,278
1925（大正14）年	47,264
1926（大正15）年	51,125

出典：村上信彦『大正期の職業婦人』ドメス出版、1983年、244-245頁を参考に筆者作成。

大正期には第一次世界大戦後の産業化の進展により、タイピスト、事務職、電話交換手など新しい職種が誕生し、女性の職業進出が顕著となった。資格と結びついた職業の需要が増大したことによって看護婦数は急激に増加していった（表13－2）。看護婦の役割は病院だけにとどまるものではなく、次第に学校教育においても近代看護の知識と技術が必要とされるようになった。

3. 教育現場における学校看護婦の役割

(1) 学校看護婦の登場

養護教諭の前身である学校看護婦は、一九〇〇年代に伝染性の眼病であるトラホームの衛生処置を担当する医療補助者として、「学校看護婦」という名称で採用されたのが始まりである。トラホームは、明治三〇年頃から約10年間にわたり全国的に大流行し、その原因は不衛生な集団生活にあるとされていた。トラホームが慢性化すると角膜の混濁、視力障害・涙嚢炎《るいのうえん》などを引き起し、視力低下や失明をきたす恐れがあった。一九〇五(明治三八)年、岐阜県の竹ヶ鼻小学校と笠松小学校では、トラホームの洗眼を主な任務として学校看護婦が校費で採用されている。両校はトラホームの罹患率が県平均に比べ著しく高率であったが、治療室で学校看護婦が点眼治療を行なった結果、罹患率を大きく下げることに成功している。

(2) 学校職員としての学校看護婦

大正期には文部省が学校看護婦の設置を奨励したため、全国的にその数が急増した。さらに、社会的・教育的役割が期待されるようになり、教育現場においても、子どもたちの健康を守るために学校衛生を担当する人材が必要とされた。一九二二(大正一一)年四月、大阪市北区済美学区内の小学校では「一校一名専任駐在制」の導入が図られ、初めて常駐の学校看護婦が配置された。ここでは、従来のトラホーム洗眼を主任務とした学校看護婦とは異なっており、校長の監督のもとに学校看護婦を「学校職員」として位置づけたことに特徴がある。業務内容は、トラホーム洗眼から次第に拡大され、救急処置、身体検査、予防接種、環境衛生等にまで及んでいる。このように教育現場では学校衛生の重要性を認識し、その担い手としての学校看護婦が必要不可欠となった。

(3) 養護訓導から養護教諭へ

一九二九（昭和四）年一〇月には、文部省訓令「学校看護婦ニ関スル件」が公布されたことにより、法規上初めて学校看護婦の規程が明確にされた。当時すでに全国の学校看護婦は1500名近くいたことから、これを教育関係職員として位置づけるとともに、職務内容を全国的に統一しようとした。その後、一九四一（昭和一六）年に公布された国民学校令の施行に合わせて、学校看護婦は養護訓導として位置づけられた。戦後、養護訓導は養護教諭となり、学校において多くの役割を担うこととなった。

引用参考文献

亀山美知子（一九八三─一九八五）『近代日本看護史』第1─4巻、ドメス出版。

クリスティン・ハレット著、中村哲也監修、小林政子訳（二〇一四）『ヴィジュアル版 看護師の歴史』国書刊行会。

小玉香津子（一九九九）『ナイチンゲール』清水書院。

近藤真庸（二〇〇三）『養護教諭成立史の研究──養護教諭とは何かを求めて』大修館書店。

佐々木秀美（二〇〇五）『歴史にみるわが国の看護教育──その光と影』青山社。

佐々木秀美（二〇一三）「ナイチンゲール方式による看護教育の特徴とその拡がり──教育の創造と伝承──」『看護学統合研究』第14巻第2号。

澤山信一編著（二〇〇四）『学校保健の近代』不二出版。

杉浦裕子（二〇二二）「『ランプを持つ貴婦人』の誕生」『ナイチンゲールはなぜ戦地クリミアに赴いたのか』日本看護協会出版会。

滝内隆子（二〇二一）「十九世紀イギリス社会における移民とナイチンゲール」『ナイチンゲールが生きたヴィクトリア朝という時代』日本看護協会出版会。

中島俊郎（二〇二一）「ナイチンゲールのグランド・ツアー」『ナイチンゲールが生きたヴィクトリア朝という時代』日本看護協会出版会。

仲島愛子・大西公恵（二〇一三）「産婆・看護婦養成の学校方式化」木村元編著『近代日本の人間形成と学校――その系譜をたどる』クレス出版。

藤原素子（一九九四）「学校看護の歴史的考察」『北海道女子短期大学紀要』第30号。

森田由利子（二〇二二）「ナイチンゲールはなぜ戦地に赴いたのか――そのまなざしを追って」『ナイチンゲールはなぜ戦地クリミアに赴いたのか』日本看護協会出版会。

山下麻衣（二〇〇八）「明治期日本における看護婦の誕生」川越修・鈴木晃仁編著『分別される生命――20世紀の医療戦略』法政大学出版局。

山下麻衣（二〇一七）『看護婦の歴史――寄り添う専門職の誕生』吉川弘文館。

初出一覧

すべての原稿には、大幅な加筆および修正を行った。

第1章　書き下ろし。

第2章　鈴木和正「第8章　教育の機会均等」田中正浩編著『学びを深める　教育制度論』大学図書出版、二〇二〇年、90―103頁。

第3章　鈴木和正「第3章　教職の職業的特徴」齋藤義雄編著『教職概論――理想の教師像を求めて』大学図書出版、二〇二〇年、36―45頁。

第4章　鈴木和正「第3章　戦後日本の改革期における教育課程問題」戸江茂博監修、田中卓也・時田詠子・松村齋編著『基礎からわかる教育課程論』大学図書出版、二〇一九年、28―37頁。

第5章　鈴木和正「第13章『生徒指導』『生活指導』の教育実践について学ぶ」佐藤環監修、田中卓也・時田詠子・島田直哉・斎藤修啓・鈴木和正編著『資料とアクティブラーニングで学ぶ初等・幼児教育の原理』萌文書林、二〇二一年、133―143頁。

第6章　鈴木和正「第4講　学校における道徳教育の在り方」梅澤秀監、小林福太郎編著『特別の教科道徳15講』大学図書出版、二〇二〇年、36―43頁。

　　　鈴木和正「2章　小学校で新しく教科になった科目――道徳科」田中卓也・松村齋・時田詠子・佐々木由美子編著『保育・教育・社会福祉　研修ハンドブック』大学図書出版、二〇二一年、76―83頁。

第7章　鈴木和正「第7章　道徳と理科」小田切真編著『令和の時代を拓く　心を寄せ合う理科教育法』学校図書株式会社、二〇二〇年、243―266頁。

第8章　鈴木和正「第9章　認定こども園とは」名須川知子監修、田中卓也・松村齋・小島千恵子・岡野聡子・中澤幸子編著『保育者になる人のための実習ガイドブックＡ　ｔｏ　Ｚ　――実践できる！保育所・施設・幼稚園・認定こども園実習テキスト――』萌文書林、二〇二〇年、96―102頁。

第9章　鈴木和正「第2章　西洋における教育思想と教育方法の歴史を学ぶ」戸江茂博監修、田中卓也・松村齋・小島千恵子

編著『幼児教育方法論』学文社、二〇一九年、15—23頁。
鈴木和正「第3章 保育者・教育者の教職観の変遷と保育・教育の歴史（§2海外の保育の歴史）」田中卓也・松村齋・小島千恵子編著『子どもとともに未来をデザインする保育者論・教育者論』わかば社、二〇二〇年、28—31頁。

第10章 鈴木和正「第7章 20世紀の教育と新教育運動」宇内一文編著『教職のための学校と教育の思想と歴史』三恵社、二〇一八年、73—85頁。

第11章 鈴木和正「第5章 教育と看護の歴史 日本」佐々木司・熊井将太編著『やさしく学ぶ教育原理』ミネルヴァ書房、二〇一八年、71—84頁。

第12章 鈴木和正「第4章 大正時代の新教育と社会」佐藤環監修、田中卓也編著『日本の教育史を学ぶ』東信堂、二〇一九年、95—113頁。

第13章 鈴木和正「第5章 教育と看護の歴史 日本」佐々木司・熊井将太編著『やさしく学ぶ教育原理』ミネルヴァ書房、二〇一八年、71—84頁。

あとがき

本書は、数年間にわたって筆者が書き溜めた原稿に加筆および修正を加えて、まとめたものです。本来、教科書の作成は、複数の執筆者で各章を分担して行うことがほとんどです。なぜなら、初学者向けの入門書とはいえ、高度に専門分化する学問をひとりで執筆することは、多くの領域を網羅する必要があり、大変困難な作業だからです。若輩な筆者にとっては、なんとも無謀な試みであり、自らの力不足を改めて痛感しているところです。

筆者の勤務する大学では、「教育学」を全学共通科目（いわゆる教養科目）と位置づけ、学年が異なる数百名の学生が授業を履修します。また、履修者の大半は教職に就かない人が多くを占めます。おそらく、学生の多くは、何となく興味があった、都合のよい時間帯にたまたま開講されていた、卒業の単位が必要だったからなど、様々な理由があって履修するのでしょう。そのため、学生の多様なニーズにすべて応えることは不可能ですが、なるべく、「教育学」を学ぶ意義を伝えたいと思い試行錯誤をしているところです。

多くの大学では新型コロナウイルス感染症の世界的大流行によって、対面での授業が制限され、オンライン授業の実施を余儀なくされました。慣れない授業準備に翻弄されるなかで、授業内で使用しやすく、なおかつ、勤務する大学の学生たちに適した教材の必要性を強く感じました。そこで、筆者は責任と自信を持って授業を進めていくために、既製教材ではなく、自作教材の作成を決意しました。学生の興味関心を惹く教材を開発することは、かれらの学習動機を高めて、継続して学ぶ姿勢を身につけるだけではなく、高度で専門的な学問を学ぶ足がかりとなるはずです。また、主体的・対話的で深い学びやカリキュラム・マネジメントを推進していく上でも、教材開発が重要となることは言うまでもありません。授業を通してこうした筆者の意図が少しでも学生に伝われば何よりの喜びです。

最後に本書の出版については、東信堂の下田勝司氏・下田勝一郎氏に大変お世話になりました。心から御礼申し上げます。

鈴木和正

二〇二四年四月吉日

や行

人名索引

あ行

か行

さ行

た行

な行

は行

ま行

ま行

や行

ら行

た行

な行

は行

さ行

事項索引

あ行

か行

著者紹介

鈴木和正（すずき　かずまさ）
常葉大学教育学部教授、博士（教育学）。専門は教育学、教育史、道徳教育。主な研究テーマは大正新教育。著書には、『やさしく学ぶ教育原理』（共著）ミネルヴァ書房、2018年、『資料とアクティブラーニングで学ぶ初等・幼児教育の原理』（共著）萌文書林、2022年などがある。

〔改訂版〕教育学へのいざない　　定価はカバーに表示してあります。

2023年3月31日　初　版第1刷発行　　〔検印省略〕
2024年4月1日　〔改訂版〕第1刷発行

／発行者 下田勝司　　装幀／アトリエ・アシル　印刷・製本／中央精版印刷

東京都文京区向丘1-20-6　郵便振替00110-6-37828
〒113-0023　TEL 03-3818-5521　FAX 03-3818-5514
発行所 株式会社 東信堂
Published by TOSHINDO PUBLISHING CO., LTD.
1-20-6, Mukougaoka, Bunkyo-ku, Tokyo, 113-0023, Japan
E-mail : tk203444@fsinet.or.jp　http://www.toshindo-pub.com

ISBN978-4-7989-1898-3 C3037

東信堂

- 地域子ども学をつくる—災害、持続可能性、北欧の視点　責任編集 天童睦子・足立智昭　一八〇〇円
- 応答する〈生〉のために—〈力の開発〉から〈生きる歓び〉へ　高橋勝　一八〇〇円
- 子どもが生きられる空間—生・経験・意味生成　高橋勝　二四〇〇円
- 流動する生の自己生成—教育人間学の視界　高橋勝　二四〇〇円
- 子ども・若者の自己形成空間—教育人間学の視線から　高橋勝編著　二七〇〇円
- 温暖化に挑む海洋教育—呼応的かつ活動的に　田中智志編著　三二〇〇円
- 人格形成概念の誕生—近代アメリカの教育概念史　田中智志　三六〇〇円
- 社会性概念の構築—アメリカ進歩主義教育の概念史　田中智志　三八〇〇円
- 教育哲学のデューイ—連環する二つの経験　田中智志編著　三五〇〇円
- 学びを支える活動へ—存在論の深みから　田中智志編著　二〇〇〇円
- グローバルな学びへ—協同と刷新の教育　田中智志編著　二〇〇〇円
- 大正新教育の思想—生命の躍動　橋本美保・田中智志編著　四八〇〇円
- 大正新教育の受容史　橋本美保編著　三七〇〇円
- 大正新教育の実践—交響する自由へ　橋本美保・田中智志編著　四二〇〇円
- いま、教育と教育学を問い直す—教育哲学は何を究明し、何を展望するか　森田尚人・松浦良充編著　三二〇〇円
- 教員養成を哲学する—教育哲学に何ができるか　林泰成・山名淳・下司晶・古屋恵太編著　四二〇〇円
- 大学教育の臨床的研究—臨床的人間形成論第Ⅰ部　田中毎実　二八〇〇円
- 臨床的人間形成論の構築—臨床的人間形成論第2部　田中毎実　二八〇〇円

越境ブックレットシリーズ

- ⓪教育の理念を象る—教育の知識論序説　田中智志　一二〇〇円
- ①知識論—情報クラウド時代の〝知る〟という営み　山田肖子　一〇〇〇円
- ②女性のエンパワメントと教育の未来—知識をジェンダーで問い直す　天童睦子　一〇〇〇円
- ③他人事≒自分事—教育と社会の根本課題を読み解く　菊地栄治　一〇〇〇円
- ④食と農の知識論—種子から食卓を繋ぐ環世界をめぐって　西川芳昭　一〇〇〇円

※定価：表示価格（本体）＋税

〒113-0023　東京都文京区向丘 1-20-6　TEL 03-3818-5521　FAX03-3818-5514
Email tk203444@fsinet.or.jp　URL:http://www.toshindo-pub.com/